NÉCROLOGIE.

CHAMPOLLION-FIGEAC.

FONTAINEBLEAU

IMPRIMERIE ET LITHOGRAPHIE E. BOURGES

1867

Imp. Lemercier & Cie Paris

NÉCROLOGIE.

CHAMPOLLION-FIGEAC.

MONITEUR UNIVERSEL (11 mai 1867). — Nous avons le regret d'annoncer la mort de M. Champollion-Figeac, doyen des archéologues de France, Officier de la Légion d'honneur, Bibliothécaire du Palais impérial de Fontainebleau, décédé en cette résidence, le 9 mai, dans sa quatre-vingt-dixième année.

—

L'ABEILLE DE FONTAINEBLEAU (12 mai 1867). — Par suite de la mort de M. Champollion-Figeac, son Président honoraire, la Société des sciences, des lettres et des arts de Fontainebleau a ajourné la séance publique qu'elle devait tenir hier soir samedi.

Nécrologie. — Le vénérable Bibliothécaire du Palais de Fontainebleau, M. Jacques-Joseph Champollion-Figeac, Officier de la Légion d'honneur, ancien Conservateur au département des manuscrits de la Bibliothèque impériale, s'est éteint vendredi dernier, à l'âge de quatre-vingt-neuf ans.

Par un rare privilége, M. Champollion-Figeac a conservé, jusqu'à l'heure suprême, l'usage de ses merveilleuses facultés. Sa mémoire, sa facilité pour le travail, n'étaient égalées que par son savoir, aussi a-t-il pu consacrer ses dernières années à son *Histoire du Palais de Fontainebleau*, travail immense que, malgré son grand âge, il a mené à bonne fin sans la moindre défaillance. Cette histoire, monument élevé aux fastes de notre pays, est le couronnement d'une longue et utile carrière entièrement vouée au travail.

Fidèle continuateur des traditions du dix-huitième siècle, M. Champollion-Figeac apportait, dans ses relations avec tous, la plus exquise politesse et la plus complète affabilité; sa conversation avait un charme infini et ne laissait aucunement soupçonner l'austérité de ses études.

Nous avons l'espoir de donner prochainement une notice plus développée sur la vie et les œuvres de M. Champollion-Figeac. Un de ses grands mérites aura été, sans contredit, de supporter, sans en être écrasé, le lourd fardeau d'un nom illustré par la surprenante découverte de la lecture des hiéroglyphes, découverte due à Champollion le jeune, son frère puîné, ce frère pour lequel il professait un véritable culte, et dont nous lui avons entendu dire — avec un juste orgueil et une grande modestie — qu'il en avait été successivement « le père, le maître et l'élève. »

—

La Petite Presse (12 mai 1867). — *Nécrologie.* — Cet article contient quelques erreurs de dates, qui seront ultérieurement rectifiées. — Divers journaux de Paris et des départements ont reproduit la note plus ou moins développée du *Moniteur universel.*

—

Le Siècle (12 mai 1867). — *Nécrologie.* — Nous apprenons la mort de M. Champollion-Figeac, Bibliothécaire du palais de

Fontainebleau. M. Champollion-Figeac, né en 1778, était le frère aîné du célèbre Champollion le jeune, qui eut la gloire de déchiffrer les hiéroglyphes égyptiens. Après avoir été professeur de littérature grecque à la Faculté des lettres de Grenoble, il fut nommé Conservateur des manuscrits à la bibliothèque du roi; mais, en 1848, il fut destitué de ses fonctions, et, bientôt après, il entra au service du Président de la république, qui le nomma bibliothécaire du palais de Fontainebleau.

LE DAUPHINÉ (12 mai 1867). — Le Dauphiné a perdu, le 9 de ce mois, une de ses illustrations, M. Champollion-Figeac, Bibliothécaire du palais de Fontainebleau. Une plume plus compétente que la mienne, celle de M. Adolphe Rochas, retracera, en quelques pages trop courtes, — mais qui auront le mérite d'arriver à l'heure comme un témoignage de respectueux regret, — la vie si remplie de l'aimable et savant vieillard, doyen des archéologues français, dont la dernière œuvre, *Histoire du Palais de Fontainebleau*, figure à l'Exposition universelle, au Catalogue de l'Imprimerie impériale. F.

L'ECHO DU QUERCY (18 mai 1867). — (Après avoir reproduit les articles précédents, ajoute) : — Un service solennel a été célébré, jeudi dernier, à dix heures du matin dans l'église Saint-Sauveur de Figeac, pour le repos de l'âme du défunt. — Le Maire de la ville en uniforme et tout le conseil municipal; le principal du collége et tout son personnel; le clergé de la ville, les principaux fonctionnaires (M. le Sous-Préfet était en tournée de révision) assistaient à cette cérémonie, qui a été célébrée avec une certaine pompe.

L'ABEILLE DE FONTAINEBLEAU (20 mai 1867). — *Obsèques de M. Champollion-Figeac.* — Samedi dernier, au moment où nous mettions sous presse, avaient lieu les obsèques de M. Champollion-Figeac.

Le vénérable Bibliothécaire du Palais impérial avait vécu

de longues années sans doute, mais, quoique parvenu à un âge que peu de nous peuvent espérer atteindre, il avait été si miraculeusement préservé des défaillances de la sénilité, sa vie active et studieuse s'était si heureusement prolongée, que la nouvelle de sa mort a causé autant de surprise qu'elle a provoqué de regrets. Aussi une assistance nombreuse et recueillie remplissait notre église paroissiale, se pressant autour de son cercueil.

Le deuil était conduit par le fils du défunt, M. Champollion-Figeac, chef du Bureau des archives départementales au ministère de l'Intérieur, et par un de ses neveux, M. Berriat Saint-Prix, Conseiller à la Cour impériale de Paris.

Dans l'assistance, nous avons remarqué : M. le général marquis de Toulongeon, Aide de camp de l'Empereur ; M. le général comte de Polignac, commandant militaire du Palais ; M. le général baron d'Alphonse ; M. le baron de Lagatinerie, commissaire-général de la marine impériale ; M. Guibourg, sous-préfet ; M. Guérin, maire ; M. le colonel Elias, commandant en second du Palais ; M. Paccard, architecte de la Liste civile ; M. de Neuflieux, inspecteur des forêts de la Couronne ; M. Lamy, régisseur du Palais ; M. le marquis de Saluces, M. Jules David, etc., etc.

Parmi les personnes venues du dehors, nous citerons : M. de Stadler et M. Bertrandy, inspecteurs généraux des Archives, tous deux élèves de M. Champollion à l'école des Chartes ; M. Paul Dacier, petit-fils du célèbre Dacier, secrétaire perpétuel de l'Académie des inscriptions et belles-lettres, l'ami le plus intime, le plus dévoué de M. Champollion ; M. Lemaire, archiviste de la préfecture de Seine-et-Marne, etc., etc.

Un cortége considérable a accompagné la dépouille mortelle de M. Champollion jusqu'au cimetière, où, après les dernières prières, deux discours ont été prononcés : le premier par M. Jules David, le second par M. Bertrandy, inspecteur-général des archives.

E. B.

DISCOURS DE M. JULES DAVID

Je devrais hésiter à prendre la parole ici, mais ma reconnaissance et celle de la Société littéraire que je représente, a besoin de s'épancher, et nous ne pouvons nous résoudre à en retarder l'expression. La Société des sciences, des lettres et des arts de Fontainebleau est modeste ; mais elle était orgueilleuse de son Président d'honneur, fière de son concours, heureuse de son suffrage; et il avait tant de bonté pour nous instruire, tant d'amabilité pour nous conseiller, tant d'autorité pour nous exciter au travail, que, pour celui qui vous parle surtout, sa bienveillance était un encouragement et son approbation une récompense. Aussi bien, c'était un honneur précieux pour nous tous de jouir encore de la conversation si fructueuse d'un de ces savants, dont la France a droit de s'enorgueillir.

Quelle plus belle existence et plus remplie, en effet, que celle de Champollion-Figeac ! Professeur de Faculté à Grenoble, au renouvellement de l'Université, il devint un helléniste assez habile pour remporter un prix à l'Académie des Inscriptions et belles lettres, prix dont il fit plus tard un livre très-remarquable sur la Chronologie des Lagides, et qui lui mérita l'estime et bientôt la confiance du célèbre Dacier. Auparavant, il avait étudié à la fois et les antiquités et la langue du pays où il résidait alors, et la ville de Grenoble lui doit une partie de ses annales. Enfin, il fit l'éducation scientifique de l'illustre frère qu'il précédait dans la vie, et, comme il le disait avec tant de grâce, il en fut successivement le maître, le collaborateur et l'élève. Puis, une fois ce frère mort avant l'âge, malgré ses graves et nombreuses occupations, malgré ses fonctions si délicates de Conservateur des chartes et diplômes à la Bibliothèque du roi, Champollion-Figeac employa tous ses loisirs, tout le temps qu'il aurait pu consacrer à sa propre renommée, à rassembler, à corriger, à mettre au jour l'œuvre immortelle de son frère. Dieu semble avoir béni cette mission si utile, si désintéressée et si touchante en lui accordant de longs jours, en lui laissant le temps d'achever sa publication fraternelle, et même de répondre au vœu de l'Empereur en terminant l'ouvrage si important et définitif qu'il laisse sur cette résidence impériale, dont il était le bibliothécaire, digne héritier des Budé, des Casaubon et des de Thou.

Adieu Champollion, vénérable maître ! — Homme de bien, d'une politesse exquise, d'une amabilité affectueuse, tous ceux qui t'ont connu te regrettent du fond du cœur ; homme de talent, la France n'oubliera pas ton nom, et la postérité l'associera à la gloire de ton frère !

DISCOURS DE M. BERTRANDY

Je veux aussi adresser publiquement un dernier adieu à celui dont nous déplorons la perte.

Je veux qu'en apprenant la nouvelle de sa mort, la ville qui l'a vu naître sache que la voix d'un compatriote s'est fait entendre pour exprimer ses regrets sur cette tombe entr'ouverte.

A Figeac, le nom de Champollion est honoré, vénéré, comme une gloire nationale, d'autant plus précieuse que son éclat s'est déjà projeté sur le monde entier.

Les habitants de Figeac ont appris à confondre dans une affection respectueuse Champollion le jeune et Champollion l'aîné, parce que, jugeant avec le cœur, ils n'ont jamais surpris la moindre différence entre ces deux natures d'élite. Aussi, comme nous les unissons dans une affection commune, nous aimons à les associer dans une même gloire ; et, pour nous, les remarquables travaux sur l'antique Égypte se mêleront toujours à ces pages pleines, à la fois, de science, d'esprit, de maturité et de jeunesse, qu'une plume octogénaire vient d'écrire sur le château de Fontainebleau.

Une faveur signalée, accordée par des mains augustes, est venue naguère réjouir le foyer du vieillard. Ah ! si ma faible voix pouvait arriver jusqu'aux pieds du trône, elle y apporterait l'expression de la reconnaissance d'une ville tout entière pour une distinction, dont elle ose prendre sa part, du moment qu'elle s'applique à un de ses enfants les plus chers et les plus illustres.

Les hommes ne sont pas toujours récompensés ici bas selon leurs œuvres; mais, avant comme après nous, il y a Dieu qui nous juge; c'est auprès de lui que Champollion recueille, en ce moment, la récompense d'une vie longue, honnête et laborieuse, semée de joies et d'amertumes, de succès et de revers; mais revers, succès, amertumes et joies, pas un de ses amis, et il en eut un grand nombre, ne refusera jamais d'en prendre sa part.

La vie de Champollion est pleine d'enseignements utiles. Une plume autorisée ne tardera pas, je l'espère, à nous en livrer les détails. Mais, en attendant, je suis fier de le dire, sa fin, dans ce château où l'avait appelé la confiance éclairée de l'Empereur, explique et justifie l'intensité de nos regrets, si l'on songe, surtout, que celui qui les inspire ne cessa, durant le cours d'une longue existence, de pratiquer toutes les vertus qui font l'honnête citoyen, le bon, l'excellent père de famille, l'ami le plus sûr et le plus dévoué.

Le nom de Champollion (et c'est, pour sa famille éplorée et pour ses compatriotes, un honneur sans prix), le nom de Champollion, grâce à des travaux nombreux et solides, vivra tant que l'érudition française occupera la place élevée qu'elle a conquise dans le monde, c'est-à-dire, s'il plaît à Dieu, toujours.

Adieu, au nom de la ville de Figeac; pour les miens et pour moi-même, maître illustre, cher ami, adieu!

Gazette des Beaux-Arts. — *Chronique des Arts* (p. 302) — ..... L'ouvrage publié par M. Champollion-Figeac sur le *Palais de Fontainebleau* est d'une grande magnificence d'exécution et la dernière œuvre du doyen des archéologues français; elle sort des presses de l'Imprimerie impériale, et a été imprimé aux frais de l'Empereur. Nous en avons parcouru l'un des chapitres les plus intéressants, celui du règne de François Ier, pendant lequel se produisit la grande renaissance des lettres et des arts en France.

Ce fut, en effet, à cette époque, que les vieilles constructions de Fontainebleau, qui remontent à Louis VI (commencement du douzième siècle), firent place à toute la splendeur du luxe architectural du seizième siècle. Il ne reste du château de Louis VI que le donjon et la chapelle de Saint-Saturnin, consacrée par Thomas Becket durant le règne de Louis VII. François Ier, après avoir fait démolir ces anciens bâtiments d'un aspect assez triste, les remplaça par de belles galeries qui portent encore son nom et celui de son fils Henri II. Le roi appela alors en France les artistes italiens les plus réputés pour embellir de peintures et de sculptures son nouveau palais. Le Primatice, Le Rosso, Benvenuto Cellini se trouvèrent un moment réunis à Fontainebleau pour y travailler ; mais une rivalité des plus passionnées se déclara entre eux. Les duchesses d'Étampes et de Valentinois propageaient ces luttes intestines en accordant leur protection aux uns et en maltraitant les autres. L'histoire de ces rivalités, retracée avec une grande exactitude d'après les documents originaux retrouvés par M. Champollion, donne certainement un intérêt tout spécial à cette nouvelle histoire de la plus belle résidence royale de France. Des renseignements très-précis sur les travaux confiés à chaque artiste, les indemnités qui leur étaient allouées, les objets d'art achetés à Rome, les tableaux de Raphaël, les statues de Michel-Ange, les armures, les tapisseries, les horloges mythologiques, les livres manuscrits enfin, qui vinrent compléter les magnificences de ce palais, sont décrits d'après les pièces originales d'une authenticié indubitable.

Les règnes de Louis XIII et de Louis XIV apportèrent de nouveaux agrandissements et quelques embellissements à ce château qui devint, ainsi que le disait un illustre monarque, la *vraie demeure des rois.*

V. DE V.

—

CHRONIQUE DU DAUPHINÉ (p. 330) — ..... La publication de notre savant compatriote sur le *Palais de Fontainebleau* mérite, à tous égards, de fixer l'attention des érudits et des hommes de goût ; elle a été admirablement exécutée par l'Imprimerie impériale. On y remarque surtout l'Introduction, dans laquelle M. Champollion détermine avec tant de précision l'époque de la fondation du château de Fontainebleau remontant au règne de Louis VI (douzième siècle), et les premiers travaux qui y furent entrepris pour créer à la fois un château de plaisance et un château pourvu de toutes les défenses militaires en usage à cette époque.

Mais le chapitre le plus intéressant est sans contredit celui du règne de François Ier. L'histoire de la grande Renaissance des lettres et des arts en France s'y trouve rappelée et complétée par une foule de faits nouveaux, tirés des actes originaux conservés dans les archives et les bibliothèques de Paris. Peinture, sculpture sur pierre et sur bois, fonte en bronze des statues antiques, tapisseries, meubles d'art, tous ces ateliers si divers avaient été établis par François Ier pour embellir son palais, pendant que des illustres savants parcouraient l'Europe et l'Orient afin d'en rapporter des livres manuscrits en toutes langues, destinés à fonder une bibliothèque digne du palais. C'était donc bien, ainsi que le disait Napoléon Ier, *la vraie demeure des rois.*

La rivalité des écoles italiennes et des artistes qui les dirigeaient, sous la tutelle du monarque leur protecteur et leur ami, n'est pas moins intéressante à connaître. A ces anecdotes artistiques se rattachent plusieurs souvenirs qui appartiennent au Dauphiné. En première ligne figure la célèbre Diane de Poitiers, qui avait pris sous son égide Le Rosso, menacé des colères de la duchesse d'Étampes, dont les faveurs appartenaient au Primatice. Benvenuto Cellini n'obtint aussi que les bonnes grâces de Diane et ne put travavailler qu'au château d'Anet.

Antoine Jacquet, de Grenoble, dont tous les ouvrages de sculpture sont décrits avec soin, occupe une place notable dans ce livre. Le connétable de Lesdiguières y apparaît aussi à l'occasion de l'exécution à mort du maréchal de Biron. Pour les temps modernes, M. Champollion nous raconte, en témoin oculaire, le passage du pape Pie VII à Grenoble pour se rendre ensuite au château de Fontainebleau; l'arrivée de Napoléon Ier dans notre ville au retour de l'Ile d'Elbe, et enfin les travaux très-importants de restauration du palais qui s'exécutent en ce moment par ordre de Napoléon III.

Les planches, au nombre de 32, reproduisent les monuments des principales époques du château, depuis la tour primitive et la chapelle de Louis VII, jusqu'à la pendule ornée de camées antiques, donnée par le Pape au consul Bonaparte. Tant de curieux souvenirs et tant de précieux monuments des arts méritaient bien une histoire spéciale. Le palais de Fontainebleau nous est aujourd'hui connu dans ses plus grands détails.

L'œuvre de M. Champollion-Figeac est digne du doyen de nos archéologues français, et le Souverain, qui l'a commandée et fait exécuter à ses frais, ne doit pas regretter de l'avoir confiée à une plume aussi exercée et à un savant aussi autorisé pour les questions qu'il avait à traiter.

LÉO FERRY.

TITRES LITTÉRAIRES ET FONCTIONS ADMINISTRATIVES DE CHAMPOLLION-FIGEAC

1808. — Bibliothécaire adjoint de la ville de Grenoble.

1809 (20 juillet). — Professeur de Littérature grecque à la Faculté des Lettres de Grenoble.

1810 (25 janvier). — Secrétaire de la même Faculté.

— (15 juin). — Examinateur des élèves de l'Ecole militaire.

1812 (20 mai). — Membre du Conseil académique de Grenoble.

— (12 septembre). — Doyen de la Faculté des Lettres de la même ville. (L'article 2 du décret porte : M. *Champollion-Figeac jeune*, est nommé Secrétaire de la même Faculté).

1813 (22 juillet). — Membre de la Commission spéciale chargée d'étudier la question des desséchements des marais d'Eybens (Isère).

— (6 novembre). — Président du Collége électoral du canton de Grenoble.

1814 (4 mars). — Maire de Valjoufrey.

1815 (23 décembre). — Conservateur du Musée de peinture de Grenoble, qui fut réuni, dès cette époque, à la Bibliothèque de la ville.

1821 (10 décembre). — Chargé de continuer le travail de Bréquigny, relatif aux chartes et diplômes.

1828 (30 mars). — Conservateur des chartes et diplômes de la Bibliothèque du Roi.

1830 (23 octobre). — Professeur de Diplomatique et de Paléographie à l'Ecole royale des Chartes.

1849. — Conservateur de la Bibliothèque du Palais impérial de Fontainebleau.

1810. — Officier de l'instruction publique (alors de l'Université).

1815 (11 juin). — Chevalier de l'Ordre de la Légion d'honneur.

1828 (9 avil). — Chevalier (pour la seconde fois) de l'Ordre de la Légion d'honneur.

1840 (23 janvier). — Chevalier de l'Ordre des SS. Maurice et Lazare, d'Italie.

1866 (21 novembre). — Officier de l'Ordre impérial de la Légion d'honneur.

Sociétés savantes de Paris.

1814 (22 juillet. — Correspondant de l'Institut de France, classe d'Histoire et de Littérature ancienne.

An XIII (3 nivôse). — De l'Académie celtique.

1807 (21 mai). — De l'Athénée de la Langue française.

.... — De la Société des antiquaires de France.

1821 (15 décembre). — De la Société de Géographie.

.... — De la Société asiatique.

.... — De la Société de l'Histoire de France.

.... — Du Comité des Travaux historiques, près le ministère de l'Instruction publique.

Sociétés savantes des départements.

An XII (2 nivôse). — De la Société des Sciences et des Arts de Grenoble.

1808 (13 avril). — De l'Académie des Sciences, Arts et belles Lettres de Dijon.

1810 (5 mars). — De la Société des Amis des Sciences, des Lettres, de l'Agriculture et des Arts des Bouches-du-Rhône.

— (10 avril). — De l'Académie des Sciences, Agriculture, Arts et belles Lettres d'Aix.

— (septembre). — De la Société des Sciences, Agriculture et Arts du Bas-Rhin (Strasbourg).

— (2 novembre). — De la Société libre des Sciences, Arts, Commerce et Industrie de Valenciennes.

1811 (9 novembre). — De la Société royale de Gœttingue.

1814 (9 novembre). — De l'Académie des Sciences, Inscriptions et belles Lettres de Toulouse.

— (22 juin). — De l'Académie ionienne de Corfou.

1826 (9 décembre). — De l'Académie de Friburg-en-Breisgau.

1827 (6 juillet). — De la Société des Antiquaires de Normandie.

1828 (6 juillet). — De l'Académie royale de Turin.

— (2 décembre). — De l'Académie des Sciences, belles Lettres et Arts de Lyon.

1832 (2 juin). — De la Société archéologique du midi de la France.

1836 (20 juillet). — De la Société des Sciences et des Arts de Grenoble (nouvellement réorganisée).

1834 (20 mars). — De la Société d'Emulation de Cambrai.

1840 (7 avril). — De la Société de l'Histoire de Scandinavie (Stockholm.

.... — De l'Académie impériale de Saint-Pétersbourg.

NOTICE

SUR

JACQUES-JOSEPH CHAMPOLLION-FIGEAC,

Lue à la séance du 25 mai 1867

DE LA SOCIÉTÉ SPÉCIALE DES SCIENCES, DES LETTRES ET DES ARTS

DE FONTAINEBLEAU

MESSIEURS,

Vous savez tous la perte bien sensible que nous venons de faire en la personne de notre président d'honneur, M. Champollion-Figeac. Vous vous souvenez de la lettre, pleine d'encouragement et d'intérêt, qu'il nous a adressée à notre première séance publique; vous avez apprécié l'importance de son concours et ses efforts en faveur de notre avenir, lorsqu'il écrivit à M. le Préfet du département pour nous aider à obtenir l'approbation de nos statuts ; vous avez regretté que son grand âge et les fatigues que la terminaison de son dernier ouvrage lui causèrent l'empêchassent d'achever l'œuvre spéciale qu'il avait commencée pour nous : sa mémoire, en un mot, vous est précieuse, et vous me permettrez de vous esquisser rapidement cette existence si bien remplie et toute vouée à la science historique.

Il est des familles privilégiées dans les lettres et dans les arts, comme les Corneille, les Arnaud, les Chénier, les Carrache, les Boullongne, les Coustou; il en est aussi dans les domaines de la science historique, comme les Estienne, les Lacretelle, les Champollion. Mais, dans cette seconde partie du travail intellectuel, les capacités réunies de deux frères peuvent produire une plus grande somme de résultats satisfaisants et utiles, en combinant leurs forces, en multipliant leurs aptitudes, en s'adonnant ensemble aux mêmes études et aux mêmes explorations. Merveilleux échange de labeurs où l'un juge l'autre, le commente, le supplée, l'arrête dans ses fausses directions, le relève dans ses erreurs, poursuit pour lui une preuve, éclaircit un document, résume la science acquise pour y ajouter des trésors nouveaux! Heureux résultat de l'association où l'un est l'imagination, l'autre la critique; l'un la divination, l'autre la recherche, où tous deux s'entr'aident en se complétant! Tel est l'accord scientifique que nous présentent les deux Champollion. Avant eux l'Egypte, sans être moins curieuse et moins estimée peut-être, restait une énigme dans son passé, une confusion dans sa domination grecque, un musée sans légendes, une page de pierre sans traduction. Grâce à leurs efforts convergents, cette histoire problématique est devenue précise, exacte, positive; elle a gagné en vérité sans perdre en grandiose; et si Champollion jeune, par sa lecture des hiéroglyphes, a pénétré jusqu'au fond des siècles de la plus antique des nations, Champollion-Figeac, par son éclaircissement préalable de la transformation dernière et considérable de cette civilisation-mère, a rejoint les deux bouts de la tradition, et rétablit la trame d'une histoire continue.

Né le 5 octobre 1778, à Figeac, l'un des deux chefs-lieux d'arrondissement du département du Lot, ancienne ville qui possédait jadis une abbaye de Bénédictins, Jacques-Joseph Champollion y resta jusqu'en 1799, ayant eu le bonheur, grâce à un père distingué et éclairé, d'achever son instruction classique avant l'époque funeste où, sous le prétexte de détruire les préjugés, on porta un si rude coup à l'instruction publique par l'abolition de l'enseignement clérical. Dans les mauvais jours de notre révolution, à l'abri, par son âge, des réactions politiques, il fut même apprécié pour sa science relative et sa rédaction facile et nette, et devint le secrétaire de son district. C'est cette même instruction précoce, heureusement étendue et fortifiée par les soins d'un ancien bénédictin recueilli et sauvé par M. Champollion père, qui permit, plus tard, à Champollion-Figeac, d'être le répétiteur de son frère puiné, l'illustre Champollion jeune, né en 1790; ce fut ainsi qu'il se fortifia même sur le grec et le latin, ces langues immortelles dont tout d'abord nous étudions la formation, nous pénétrons l'esprit, nous admirons les beautés. Cette première éducation, aussi bien que celle de la famille, l'une pour l'esprit, l'autre pour le cœur, sont souvent la source de nos talents et de nos vertus; rien ne peut les remplacer, même dans les existences les plus favorisées et dans les rangs sociaux les plus élevés, ainsi que Napoléon Ier le disait un jour d'un de ses lieutenants les plus capables, jugement profond et vrai du génie, qu'aimait à répéter celui dont nous parlons. C'est donc à cette éducation parfaite qu'il faut rapporter les mérites et les qualités de Champollion-Figeac : ses mérites que ses nombreux écrits et son influence sur les progrès de la science attesteront à tout jamais, ses qualités que sa famille proclame, et qui expliquent son dévouement pour les siens, son affabilité pour ses amis et son urbanité pour tous.

Ce fut enfin à cette instruction, si rare à cette époque, que Jacques-Joseph Champollion dût sa nomination de bibliothécaire de la ville antique et importante de Grenoble. Il en classa les archives, il en releva les inscriptions, dès 1804; plus tard, en 1807, il en publia l'histoire ancienne d'après ses monuments; enfin, avec la conscience et la persévérance qu'il montrait en tout, il revint à diverses reprises sur ce qu'il avait entrepris, et publia tour à tour de nouveaux éclaircissements sur la ville de Cularo, aujourd'hui Grenoble, sur diverses contrées de l'Isère, et sur les patois de ce département. C'était comme une seconde patrie, d'origine et d'adoption, dont il glorifiait les souvenirs. Sur ces entrefaites, l'Université renaissait de ses ruines, et lorsqu'on créa une Faculté des lettres à Grenoble, Champollion y fut appelé à la chaire de littérature grecque. Dès-lors sa carrière était tracée, et l'objet de son enseignement concordait avec ses goûts et ses aspirations. Mais, tout en dévoilant à ses auditeurs la sublimité d'Homère et la majesté de Démosthène, il pénétrait au-delà, il fouillait les origines de ce peuple modèle et de cette langue aussi riche que sonore. Son frère était auprès de lui, et son jeune élève, qui devenait son maître, l'entraîna à sa suite vers l'Orient, vers ces contrées de la lumière primitive, vers ce but suprême des grands explorateurs de la pensée qui, dans l'océan des âges, cherchent la vérité sous les légendes et la grandeur dans les traditions. Champollion jeune poursuivait déjà son immortelle découverte; l'Égypte l'avait attiré comme un aimant irrésistible, et il en rêvait la conquête historique comme conséquence de sa conquête militaire. Il entassait essais sur essais, recherches sur recherches; son frère l'aidait, et gagnait sa fièvre inspiratrice. Tandis que l'un déterminait la géographie de l'Egypte et en poursuivait les arcanes dans la langue copte et dans ses différences avec le Grec et l'Arabe, l'autre en approfondissait l'histoire relativement moderne, celle de la domination des lieutenants d'Alexandre. Il suffit, plus tard, d'un concours proposé par l'Académie des inscriptions et belles-lettres, pour tracer sa route définitive à l'aîné des Champollion. Mais un événement colossal vint pour quelque temps séparer les deux frères et interrompre leurs travaux adéquats.

L'année 1815 commençait par un coup de tonnerre politique, et Napoléon Ier arrivait à Grenoble au commencement de mars. Entouré seulement de quelques soldats et accompagné par la population des campagnes, il lui fallait un secrétaire pour transmettre ses ordres et pour expliquer ses intentions ; or le baron de Renauldon, maire de la ville à cette époque, indiqua à Sa Majesté Impériale Jacques-Joseph Champollion, comme un homme d'une discrétion égale à l'intelligence. Son dévouement, d'ailleurs, ne pouvait être suspecté ; car Champollion, aussi attaché à l'ordre qu'à la liberté, à la grandeur de la

France qu'à sa transformation, avait toujours vu en Napoléon l'organisateur du régime national, et l'estimait encore au-dessus du plus illustre des Ptolomée ou du plus puissant des Rhamsès. Après une entrevue avec l'Empereur, se reconnaissant utile, Champollion n'hésita point à suivre la destinée alors hasardeuse du grand homme-patriote, et abandonna pour lui sa famille, son frère et ses livres bien-aimés. Pendant trois mois il travailla avec autant d'ardeur que de désintéressement, se dévoua tout entier à la cause et au service de celui qui l'avait appelé; mais, moins heureux que les travailleurs de la dernière heure à la vigne céleste, loin d'être récompensé de son abnégation, il n'en récolta que des souffrances et des persécutions. La science, hélas! parmi ses adeptes, compte aussi des courtisans de toutes les puissances, des serviteurs de toutes les causes, des ultras de tous les partis. Champollion s'en aperçut avec douleur : il perdit sa chaire et son haut grade dans l'Université, la décoration si honorable que son zèle avait obtenu, et qu'on ne rendit à sa renommée littéraire qu'en 1828, et, en 1818, pour mettre une de ses œuvres à l'abri des malveillances envieuses et des suspicions politiques, il dut faire parvenir par Strasbourg, et comme venant d'Allemagne, le savant mémoire qui devait remporter le grand prix à l'Académie des Inscriptions et belles lettres. Heureusement que ce qui affligeait son cœur, ne décourageait pas son esprit, et sa cause, qui devait encore attendre trente-six ans pour triompher, ne l'empêcha pas de forcer les portes de la célébrité officielle, et de prendre dans la science la place qui était due à ses talents.

Qu'était-ce donc que ce mémoire qui conquérait de haute lutte les suffrages de tous, et qu'on couronnait solennellement le vendredi 17 juillet 1818? C'était une chronologie, rétablie dans sa plus stricte exactitude, de la dynastie des princes d'Égypte d'origine grecque, et suivie d'une histoire véridique de leurs règnes et de leur âge. Jusqu'alors la science n'avait pu faire coïncider les dates des principaux évènements de l'Égypte, au temps des Lagides, avec les écrits divers et contradictoires qui en avaient traité. Les historiens n'étaient point d'accord avec les chronologistes, les olympiades ne concordaient pas avec l'ère Assyrienne de Nabonassar, laquelle pourtant semblait avoir été adoptée en Égypte. Ce qui ajoutait à la confusion générale, c'était quelques faits, non rapportés par tous les annalistes, et qui concernaient des usurpations éphémères et des dépositions momentanées de princes légitimes. Il fallait donc reprendre et syncroniser trois siècles entiers, depuis la mort d'Alexandre jusqu'à la domination romaine ; il fallait lire et critiquer un grand nombre d'ouvrages, consulter des médailles presque toutes sans date, comparer, repousser, admettre, en un mot entreprendre une œuvre de patience et de jugement à la fois, œuvre capable d'élucider la plus embrouillée des questions, et que la foule des témoignages contraires rendait encore plus difficile à clarifier. Avec une sagacité, qu'aucun de ses prédécesseurs n'avait montrée, Champollion-Figeac découvrit dans les calculs astronomiques de Ptolémée le criterium dont il avait besoin pour expliquer les faits et contrôler les dates. Armé de l'Almageste, ce livre si précieux par l'exactitude de ses observations météorologiques, il chercha les constatations des phénomènes naturels qui pouvaient servir de base à ses calculs historiques, et la date positive d'une éclipse de lune lui permit de rectifier bien des erreurs et de rétablir une concordance chronologique, qui jusqu'alors avait échappé à la science. Dès lors son problème était résolu, il put rétablir la suite des faits dans leur accord et dans leur logique, et écrire plus tard l'histoire définitive de la dynastie des Lagides.

Son livre eut autant de succès que son prix ; mais ce qui l'aida et le toucha davantage, ce fut l'occasion que ce livre lui offrit de faire la connaissance et de mériter l'estime du célèbre Dacier, alors secrétaire perpétuel de l'Académie des inscriptions et belles lettres. Ce savant, aussi sévère qu'impartial, trop élevé au-dessus de ses collègues pour épouser leurs querelles et pour adopter leurs antipathies, préoccupé seulement des progrès de la science, prit intérêt à Champollion et à ses travaux, l'encouragea, le conseilla, le soutint. Leur liaison gagna de jour en jour en confiance et en amitié ; et bientôt Champollion-Figeac devint le collaborateur du savant érudit, le rédacteur d'une partie de ses notices. Cette fréquentation assidue d'un homme presque universel, ces lectures comparatives qu'il fut obligé de faire pour se tenir au courant de la science, et pour se montrer capable de comprendre les indications, les critiques, les idées d'un grand esprit qui jetait encore tant de flammes en s'éteignant, tous ces labeurs variés et assidus furent de la plus incontestable utilité à Champollion, et le renforcèrent à un tel point qu'il eût été capable, n'eussent été les jalousies qui l'entouraient, de remplacer son maître à l'heure de son décès. Dacier lui fut, du reste, le plus convaincu des protecteurs ; malgré les oppositions de toutes sortes, il le fit admettre, accepter, souffrir sinon pardonner par la Restauration et par l'Institut. Il lui dut tour à tour sa place de Professeur de paléographie à l'école des Chartes, et celle, plus importante encore, de Conservateur du cabinet des chartes et des diplômes de l'histoire de France à la bibliothèque du roi. Dès lors Champollion se partagea entre l'Orient et la France, entre l'antiquité et le moyen âge, et on dut à sa nouvelle érudition déjà féconde les plus intéressantes publications : *les Tournois du roi Réné* (1827 in-folio), *une Charte de commune en langue romane pour la ville de Gréalon en Quercy* (1835 in-8°), enfin la très-curieuse compilation intitulée : *Documents inédits tirés des collections manuscrites de la bibliothèque royale et des archives des départements* (1842, 4 v. in-4°).

Cependant Champollion jeune était venu retrouver son frère à Paris, et il rencontra, lui aussi, dans Dacier, un homme digne de l'apprécier et de le comprendre. Aussi lui adressa-t-il en 1822, à titre d'hommage, la fameuse lettre où il divulgue l'alphabet des hiéroglyphes. Cette découverte merveilleuse fut contestée et attaquée ; puis défendue par les deux frères à la fois. Les adversaires étaient nombreux ; les adhérents étaient rares, mais éminents : Sylvestre de Sacy, Letronne, Humbolt, Arago, et toujours Dacier. Il fallut six ans de lutte en Europe aussi bien qu'en France pour faire triompher la vérité, et décider l'expédition scientifique en Égypte, dont Champollion jeune tira sa gloire. C'est à son frère que ce dernier envoya ses lettres, datées des temples qu'il explorait, non-seulement comme au plus digne des confidents, mais comme à un véritable collaborateur; et Champollion-Figeac les fit insérer dans le *Moniteur*, et en corrigea les difficiles et minutieuses épreuves. Grâce donc à cette initiation du frère aîné dans les travaux de son célèbre cadet, la science ne fit pas une perte irréparable par la mort hâtive de Champollion jeune, en mars 1832. Son frère aîné, ayant ses manuscrits à sa disposition et étant au fait de ses découvertes, le suppléa, le continua, imprima sa grammaire et son dictionnaire, et plus tard compléta son œuvre par une histoire d'Egypte d'après des documents tout nouveaux et une chronologie vérifiée sur des inscriptions si longtemps lettres-mortes, et désormais lisibles par les efforts d'un génie persévérant.

Après ces publications si importantes pour la science, et si honorables pour Champollion-Figeac, il y avait trop longtemps qu'il était heureux, tranquille et estimé, l'adversité réclamait son tour, et devait lui rappeler encore une fois qu'ici bas les passions s'apaisent sans s'éteindre, les haines se déguisent sans s'oublier, les convoitises ne se calment que pour attendre leur heure. Cette heure de réaction et de revanche sonna pour Champollion en 1848. On lui retira sans dédommagement sa place de Conservateur des Chartes et Diplômes de l'histoire de France, et il dut redemander aux lettres les consolations que tous les grands esprits y trouvent. C'est alors qu'il conçut une histoire générale des peuples orientaux, d'après les données nouvelles et ces grands horizons ouverts sur les origines des Indoux, des Iraniens et des Arabes. Préoccupé, comme tous les véritables érudits, des découvertes modernes dans les langues et dans les annales des nations les plus immémoriales, frappé des travaux des Burnouf, des Langlois, des Chézy, des Fauche, des Eichhoff, des Caussin de Perceval, des Garcin-de-Tassy, des Mohl, des Reinaud, forte école du vénérable Sylvestre de Sacy, Champollion-Figeac résolut d'appliquer à leurs travaux remarquables mais divergens sa méthode si sagement synthétique, de grouper leurs documents, de les classer, et surtout de leur appliquer sa sévère et ingénieuse critique. Il n'a eu malheureusement le temps que de publier une histoire de la *Perse antique*; et à voir avec quelle sagacité il se débrouille au milieu de ces dynasties iraniennes, présentées sous la forme légendaire plutôt qu'historique par le grand poète persan Firdouçi, dans son *Chah-nameh*, livre des rois, à constater avec quelle clarté il dégage la vérité à travers les erreurs accumulées, le positif à travers les rêves poétiques, le simple à travers l'hyperbole orientale, on regrette bien vivement qu'il n'ait pas eu le loisir d'achever son œuvre, et de porter la lumière dans le chaos des traditions indoues et dans les ténèbres antè-islamiques.

Mais un autre soin devait désormais nourrir son zèle, d'autres labeurs devaient employer ses derniers instants. Un prince qui avait sauvé la société d'un cataclysme et la France d'une de ces crises les plus redoutables, un nouveau Napoléon, remarquable entre toutes ses hautes qualités par la mémoire des dévouements à sa dynastie, songea au vieux serviteur de son oncle, et lui confia la bibliothèque du Palais de Fontainebleau. C'était combler les vœux du savant, tout en récompensant des services qu'il croyait oubliés. Champollion s'efforça donc de justifier un bienveillance dont il était profondément touché : il reconstitua cette bibliothèque, reléguée dans les hauteurs du Palais, revendiqua tout ce qui lui appartenait à Paris, et obtint pour elle le plus beau local, le plus large, le plus clair, le plus luxueux, une des galeries du Château nouvellement restaurée. L'Empereur, du reste, ne borna pas ses grâces envers Champollion-Figeac à cette réparation des injustices dont il avait été victime, excellent juge des aptitudes et des mérites littéraires, il lui demanda un livre de Bénédictin sur le Palais de Fontainebleau. Le serviteur, digne du maître, exécuta à la lettre la prescription impériale, et entreprit et acheva l'histoire la plus complète, la plus véridique et la plus attachante de cette résidence de nos rois, si ancienne et si mémorable. Cette œuvre est trop importante pour ne l'apprécier qu'en quelques mots, et nous nous réservons la tâche d'en essayer ultérieurement l'analyse la plus complète possible pour notre ignorance.

C'est ainsi qu'honoré de la faveur de Sa Majesté et entouré de l'estime de tous, Champollion-Figeac termina sa féconde carrière; seulement il l'avait trop prolongée pour ne pas éprouver de ces douleurs intimes qui viennent s'ajouter dans une longue vie à tous nos autres chagrins. De sa belle famille, si distinguée et si unie, il perdit tour à tour plusieurs membres, sa digne et excellente femme d'abord, puis trois de ses fils, le premier encore jeune, les deux autres déjà parvenus à la position élevée que leur conduite, leur caractère et leurs talents leur avaient seuls mérité : l'un colonel d'artillerie, l'autre procureur impérial. Il ne lui restait plus qu'une fille, qui fut son Antigone, et un fils qui, doué des mêmes goûts que lui, livré à des occupations analogues quoique bornées à nos annales, est digne déjà, par ses publications consciencieuses et par ses études approfondies, d'hériter des devoirs et des travaux de son père, et sur lequel la science historique peut aussi compter. Cependant, malgré ses souffrances de cœur, malgré son grand âge, Champollion-Figeac se montra toujours laborieux et attentif au progrès de la science. Dans sa vieillesse la plus extrême, sa mémoire avait peut-être oublié une partie de ces faits obcurs qui peuplent l'histoire des nations, mais il n'avait rien oublié de l'histoire des idées. Ce grand espace des siècles où s'effectuent les développements successifs de l'humanité, il l'avait toujours présent à l'esprit; il l'avait rempli des jalons de sa critique, et il discernait des rapports ou des différences là où d'autres ne voient que confusion ou similitude. Il avait si bien classé le caractère des peuples par leurs mœurs, leur langage, leur poésie, leurs institutions, leur culte et leur morale, qu'il ne se trompait jamais sur leur importance et sur leur origine. Nous l'avons vu, il y a deux ans à peine, lire attentivement l'œuvre philologique de Max Muller, *la Science du langage*, et dans ses jugements successifs de cet ouvrage si important, il nous surprenait par la lucidité de sa critique survivant à sa propre force de conception; les paradoxes du savant allemand, il les écartait avec autant de rigueur qu'il adoptait avec approbation ses comparaisons ingénieuses et ses vues justes et véridiques. Nous l'avons entendu émettre, à propos des présomptions de l'illustre professeur, des idées aussi saines et aussi neuves que dans toute la force de son talent, tant le génie de la science inspire jusqu'au dernier moment ceux qu'il a éclairé toute leur vie de ses plus fécondants rayons.

Le pays dont il s'est tant occupé, l'Égypte, avait pour usage de juger ses morts illustres; pourquoi ne lui appliquerions-nous pas cette marque de respect et d'hommage? Or, dans ce cas, comment formuler notre appréciation sur lui, sinon en répétant que sa vie a été aussi noblement qu'utilement remplie? Il a été bon pour sa famille, dévoué à ses amis, bienveillant pour tous; il a devancé ses contemporains dans les travaux de la science, dans ses progrès, dans ses vues d'avenir; il lui a plus tard apporté le concours précieux de son expérience et de sa critique; il a fait préférer les recherches approfondies aux appréciations personnelles, la méthode des preuves rassemblées aux présomptions les plus ingénieuses; il a fait prévaloir l'étude des sources sur les hypothèses historiques, la supériorité du vrai sur le probable; il a compris bien vite aussi quel degré de richesses nouvelles amèneraient les études orientales, et il a été l'un des fondateurs de la Société asiatique; il a continué dans l'exploration de nos propres annales la science patiente et positive des Bénédictins, sans leur sacrifier la comparaison des esprits et le mouvement des époques, et il a été l'un des rénovateurs de l'École des Chartes; il a fait faire un pas immense à la paléographie française, et il en a été l'un des professeurs les plus distingués; il a complété l'œuvre de son frère, en appliquant sa grande découverte à l'histoire; il a suivi la marche des études nouvelles du sanscrit et du zend, et il a écrit une esquisse des origines persanes d'après le *Chah-nameh;* enfin il s'est occupé jusqu'à ses derniers jours des rapports singuliers qui apparaissent entre l'Iliade et le Ramayana, entre Homère et Valmiki, et il aurait voulu entreprendre une appréciation du caractère des races d'après leurs poésies et leurs ouvrages les plus antiques, les védas pour l'Inde, les mòallacats pour l'Arabie, et les poèmes orphiques pour la Grèce ancienne. Mais il a assez fait pour sa renommée, sans avoir besoin de rappeler ces projets, confidences d'un père ou d'un maître à son fils ou à ses élèves, et nous pouvons dire que s'il sera longtemps pleuré par ses enfants, toujours regretté par ses amis, il ne sera jamais oublié par la France, qui lui doit, ainsi qu'à son frère, l'honneur de lutter avec succès, en érudition et en découvertes scientifiques, avec l'Allemagne, l'Angleterre et l'Italie.

JULES DAVID.

Fontainebleau. — Imprimerie E. Bourges.

NÉCROLOGIE

CHAMPOLLION-FIGEAC

(Extrait du *Dauphiné*, du 19 mai 1867.)

L'un des plus savants hommes de notre temps, que le Dauphiné revendique avec orgueil comme l'une de ses gloires, M. Champollion-Figeac, vient de mourir au château de Fontainebleau, le 9 de ce mois. L'histoire complète de ses travaux et l'appréciation de leur importance est une lourde tâche qui demande de longues recherches et de sérieuses méditations. De bienveillantes communications me permettront bientôt, je l'espère, de l'entreprendre. Pour aujourd'hui, pressé par le temps, je ne puis qu'esquisser rapidement sa vie, et indiquer, en traits généraux, les services qu'il a rendus dans le domaine de la haute érudition.

La famille Champollion est originaire du village de Champoléon (Hautes-Alpes), d'où lui est venu son nom. A une époque que je ne saurais préciser, elle se divisa en deux branches, dont l'une resta dans le Gapençais et l'autre s'établit dans le Valbonnais. Vers le milieu du XVIIIe siècle, Jacques Champollion, chef de cette dernière, se fixa à Figeac (Lot), où il avait été appelé par un de ses oncles, chanoine de la cathédrale, et c'est là que lui naquirent, entre autres enfants, deux fils célèbres dans la science :

Jacques-Joseph, né le 5 octobre 1778, qui est l'objet de cette notice ;

Jean-François, né le 24 décembre 1790, qui s'est immortalisé par la découverte de l'alphabet Egyptien.

Pour les distinguer des autres membres de la famille, restés dans le Gapençais et le Valbonnais, les deux frères furent enregistrés, ainsi que les usages de ce temps y autorisaient, sous le nom de Champollion-Figeac. Mais, par la suite, et pour les distinguer l'un de l'autre, on prit l'habitude à Paris d'appeler l'aîné *Champollion-Figeac*, et le cadet *Champollion le Jeune* [1]. Ces noms leur ont été conservés dans le monde savant.

Champollion-Figeac commença ses études à Figeac sous la direction d'un jésuite que son père avait retiré chez lui lors de la fermeture des maisons religieuses. Il les continua ensuite à Grenoble où sa famille le rappela, en 1799, avec son jeune frère.

Ses études terminées, il se livra tout entier aux lettres, surtout à l'archéologie, vers laquelle ses goûts l'entraînaient. Il demanda à cette époque à faire partie de la Section scientifique de l'expédition en Egypte, mais il n'obtint pas cette faveur ; et nous avons sous les yeux une de ses lettres, datée du 19 thermidor an VI, dans laquelle il exprime ses regrets de n'avoir pu faire ce voyage lointain. En 1803, il publia son premier ouvrage, *Dissertation sur un monument souterrain existant à Grenoble* (la crypte de l'église St-Laurent), qui lui valut d'être admis dans la Société des Sciences et Arts de Grenoble, laquelle avait succédé à l'ancienne Académie Delphinale, et dont il fut ensuite longtemps secrétaire.

---

(1) Nous rappellerons cependant que les premiers actes officiels relatifs à Jean-François Champollion portent : *Champollion-Figeac-Jeune*, notamment les arrêtés de nomination aux fonctions de professeur d'histoire, signé Fontanes, et de Bibliothécaire-adjoint de son frère, à Grenoble, signé Baron Renauldon. — Ses amis l'appelaient familièrement : *Saghir*, le jeune, en Arabe.

Nommé en 1807 Bibliothécaire-adjoint, puis Bibliothécaire de la ville, après la mort de Dubois-Fontanelle, il se consacra avec zèle au service de cet établissement. Il y incorpora un grand nombre d'ouvrages restés jusque-là dans les dépôts nationaux, réunit tous les manuscrits, toutes les éditions du XVe siècle en deux sections distinctes et en fit les catalogues après avoir successivement analysé tous ces précieux volumes. Il dirigea aussi les acquisitions vers les grands ouvrages scientifiques que les particuliers n'achètent pas ordinairement, tels que les voyages de Denon en Egypte, de Humbold et Bomplan en Amérique, etc. C'est aussi à ses démarches personnelles que plus tard, en 1815, la même bibliothèque s'enrichit de la *Description de l'Egypte*, donnée par l'ordre spécial de l'Empereur, et du *Dictionnaire chinois*, du *Strabon* français, de *l'Almageste* de Ptolémée et autres grands ouvrages à figures, donnés par le ministre de l'intérieur.

Il prit part à tout ce qui, dans le département de l'Isère, intéressait les sciences et les lettres. Il fut nommé examinateur des élèves pour les écoles militaires et pour l'Ecole Centrale, et, lors de la création de l'Université impériale en 1809, il devint Professeur de littérature grecque, et secrétaire puis Doyen de la Faculté des Lettres de l'Académie de Grenoble.

Fourier était alors préfet de l'Isère. Ce savant homme, occupé en même temps à rédiger ses observations sur les monuments de l'Egypte et à continuer ses grands travaux sur les mathématiques, trouva auprès de Champollion un aide des plus utiles, presque un collaborateur. Comme bibliothécaire, comme livré, lui aussi, à des études sur l'Egypte, celui-ci épargnait à l'auteur de l'immortelle *Préface historique* bien des recherches longues et pénibles. Les rapports entre ces deux archéologues étaient journaliers, incessants, et il en résulta des liens de bonne amitié qui ont duré jusqu'à la mort de l'illustre géomètre, en 1830.

Parmi les ouvrages que Champollion publia pendant son séjour à Grenoble, je citerai particulièrement : les *Antiquités ou Histoire ancienne de cette ville* (1807), où se trouvent réunies toutes les inscriptions antiques qui y ont été découvertes, et de précieuses indications sur l'état de ce municipe pendant l'occupation romaine; *Lettre au baron Fourier sur l'inscription grecque du temple de Denderah en Egypte*, où l'auteur s'est proposé de fixer la date de cette inscription exprimée d'après le comput du calendrier égyptien; *Nouvelles Recherches sur les patois, et en particulier sur ceux du département de l'Isère* (1809). Il fut chargé de la rédaction du *Journal administratif* de Grenoble, auquel il contribua à donner une apparence plus littéraire en y insérant des extraits historiques sur l'ancien Dauphiné, et en y accueillant facilement des productions en vers et en prose de plusieurs littérateurs contemporains. A la mort inopinée de l'abbé Gattel (1812), il dirigea la publication de l'édition nouvelle, préparée par cet habile et savant grammairien, de son *Dictionnaire de la Langue française*, en 2 gros volumes in-4°, souvent réimprimés depuis.

Champollion donna, durant la même période, plusieurs curieux Mémoires au *Magasin Encyclopédique*, et de nombreux articles littéraires au *Moniteur*. En entrant dans l'Université, il publia le programme de son *Cours de Littérature grecque*, et il en exposa les antiquités dans ses prolégomènes. En Allemagne même, ces prolégomènes furent remarqués, et le chef de l'école grecque, Heine, en fit le sujet d'un article spécial dans la Feuille savante de Gœttingue, à la suite duquel la Société royale de cette ville nomma Champollion l'un de ses membres étrangers. Ses publications lui valurent la même distinction de la part de plusieurs autres académies étrangères et des plus laborieuses sociétés savantes de l'intérieur de l'Empire.

Il entretenait en même temps une correspondance active avec un grand nombre de savants de Paris, Sylvestre de Sacy, Langlès, Gail, Jomard, Lalande, et d'autres membres de l'Institut d'Egypte, enfin avec Millin dont il devint l'ami et à qui il ferma les yeux en 1819.

Au milieu de ses occupations studieuses, lié avec tous les amis des lettres qui étaient à Paris et à Grenoble, Champollion goûtait les douceurs d'une vie honorée et en harmonie avec ses goûts, lorsque les événements politiques de 1815 vinrent la bouleverser tout à coup. Napoléon arriva à Grenoble le mardi 7 mars, à neuf heures du soir; Champollion avait été informé de son débarquement dès le dimanche matin, 5 du même mois, par l'un des habitués de la préfecture; un courrier arrivé la nuit en avait apporté la nouvelle. Le mercredi 8, de très-bonne heure, il fut demandé, de la part de l'Empereur, par le commandant Raoux. Il se rendit auprès de lui et fut immédiatement chargé de la direction du *Journal de l'Isère* et d'une relation du retour de l'île d'Elbe, d'après des instructions verbales que l'Empereur lui donna. Cette relation fut aussitôt rédigée, communiquée, approuvée et publiée dans le journal. Il fut chargé en même temps de divers détails du service du cabinet, qui lui permirent d'avoir avec l'Empereur de fréquents entretiens sur l'Egypte, sur les grands ouvrages dont il avait ordonné la publication, tels que le *Dictionnaire chinois* et l'*Astronomie de Ptolémée*, sur les savants latinistes de Paris, sur la politique et les améliorations apportées à la législation par le Code civil.

Napoléon l'avait demandé au maire, *n'ayant personne pour écrire,* et il écrivit jusqu'au moment du départ, le 9 à midi. Il continua de correspondre avec le quartier général, d'envoyer mille exemplaires du journal qu'il rédigeait et de recevoir des instructions de l'Empereur. C'est à lui que fut adressé le malheureux Mouton-Duvernet, envoyé en mission dans le département de l'Isère. Bientôt après, il se rendit à Paris, fut accueilli gracieusement par l'Empereur, et chargé, par lui, de plusieurs missions qu'il remplit heureusement. Il assista à la présentation de toutes les députations des départements pour donner sur chacune d'elles et sur les députés, les renseignements demandés par l'Empereur. Enfin, il *tint la plume*, comme secrétaire, à l'assemblée générale des députations des colléges électoraux présidée par Cambacérès, et il signa avec lui le résultat du dépouillement général des votes qui fut proclamé le lendemain au Champ-de-Mai.

La fin des Cent-Jours et le mouvement réactionnaire qui triompha alors vinrent changer la position de Champollion. Il fut destitué de ses fonctions de bibliothécaire de Grenoble; la Faculté des Lettres, dont il était doyen, fut supprimée en octobre 1815, et, en mars 1816, un ordre d'exil, révoqué deux ans après seulement, fut donné contre lui ainsi que contre son frère.

Pour échapper aux tracasseries de la province, il se rendit à Paris, où il chercha à se faire une position. Il fut l'un des fondateurs et le premier secrétaire de la société de l'Enseignement mutuel; il concourut à la fondation des sociétés de Géographie, Asiatique et de l'Histoire de France, dont il fut un des plus actifs collaborateurs. Il prit part aussi à la création du Bulletin Férussac et rédigea, avec son frère d'abord, seul ensuite, jusqu'en 1838, la partie historique et archéologique de ce savant recueil. Pendant dix années consécutives, il n'en laissa s'écouler aucune sans publier quelque ouvrage remarquable : les *Tournois du roi René;* le *Résumé d'archéologie;* le *Résumé de chronologie*; les *Œuvres complètes de Fréret* (t. 1); les *Annales des Lagides*, travail couronné par l'Institut; l'*Ystoire de li Normans*, d'après un manuscrit du XIIIe siècle, etc., etc.

En 1828, sous le ministère Martignac, une place de Conservateur au département des manuscrits de la bibliothèque Royale, fut créée pour Champollion, en même temps qu'on en créait une autre, pour son frère, au Musée du Louvre.

En 1830, à l'organisation de l'Ecole des Chartes, il fut nommé professeur de paléographie. C'est alors qu'il prépara le grand et magnifique ouvrage où, sous le titre de *Paléographie universelle*, il a reproduit les *fac-simile* des principaux monuments subsistants de toutes les écritures anciennes et modernes, accompagnés de notices qui donnent à la fois l'origine et l'histoire des langues par familles, méthode introductive à l'histoire des familles des peuples. D'autres productions témoignent encore de l'activité et du zèle de Champollion pendant cette période de sa vie. J'ajouterai qu'il s'était attaché d'affection à Dacier, secrétaire de l'Institut et administrateur de la bibliothèque Royale, et que, pendant 14 ans, il le seconda chaque jour, soit en faisant sa correspondance administrative et littéraire, soit en préparant toutes les notices historiques que le vénérable savant publia sur les académiciens morts de 1819 à 1833.

Vers cette époque, il remplit un pieux devoir envers la mémoire de son illustre frère. Celui-ci était mort en 1832, laissant ses principaux ouvrages inédits. Champollion qui était initié à tous ces grands travaux, qui en connaissait l'ordre, fut chargé par le Gouvernement de les publier, et, en dix ans, il put mener à bonne fin cette grande entreprise. C'est donc à son dévouement et à ses soins (Voir la lettre de M. Guizot ci-après) que le monde savant doit les ouvrages suivants : *Lettres écrites d'Egypte*; *Monuments de l'Egypte et de la Nubie*; *Notices descriptives des monuments*; *Grammaire égyptienne*; *Dictionnaire égyptien*; *Mémoire sur les signes servant à la notation des dates sur les monuments égyptiens*. On doit ajouter à cette liste plusieurs brochures pour la défense des ouvrages de son frère contre des détracteurs et des plagiaires. Ses soins et son zèle, sa collaboration, en un mot, à ces admirables travaux lui ont valu cet éloge de Chateaubriand : « Les découvertes de votre frère, *éclairées par » vos propres recherches*, auront la durée des monuments » qu'elles nous ont fait connaître. » (Voir le Fac-simile ci-après.)

En 1848 à Paris, comme à Grenoble en 1815, la position que Champollion devait à tant de travaux, fut brusquement détruite par les événements politiques. Cette position était belle, honorable et partant fort convoitée, aussi les compétiteurs ne tardèrent-ils pas à se mettre à l'œuvre. Le gouvernement provisoire, installé à l'Hôtel-de-Ville le dernier jour de février, destitua, par arrêté du 1er mars, le savant archéologue de ses fonctions de Conservateur de la Bibliothèque du Roi.

Des circonstances exceptionnelles et même singulières, dont j'espère un jour faire le récit détaillé, suivirent cet acte du nouveau gouvernement. Heureusement, la réparation ne se fit pas longtemps attendre. En 1849, le Président de la République, de son propre mouvement, le nomma Bibliothécaire et conservateur des œuvres d'art au palais de Fontainebleau.

C'est là, au milieu des merveilles des arts, dans cette résidence royale où les souvenirs historiques ajoutent encore, s'il se peut, un nouveau charme aux plus rares magnificences, que s'est écoulé le reste de sa vie. Malgré son âge avancé, il avait conservé toute sa belle intelligence, toute son activité pour le travail. Les yeux tournés vers l'Egypte, il n'a cessé de rester attentif aux recherches sur cette mystérieuse contrée si pleine de promesses et de révélations inattendues, et dont il avait publié une histoire sous le titre de : *L'Egypte ancienne.* Avec la même ardeur qu'autrefois, il a pris une part des plus actives au mouvement scientifique, ainsi que le témoignent de nombreux articles insérés dans les journaux littéraires, et surtout le magnifique travail par lequel il a clos sa longue carrière ; je veux parler de son *Histoire du palais de Fontainebleau*, publiée l'année dernière en un grand volume in-folio et qui figure en ce moment à l'Exposition universelle parmi les productions de luxe de la presse française.

L'Egypte et l'archéologie n'étaient pas restés les seuls objets de ses affections. Il s'intéressait tout aussi vivement au Dauphiné. Il prenait un plaisir extrême à parler de cette chère patrie, des écrivains qu'il y avait connus autrefois et des livres nouveaux qui s'y publiaient. Sur ce point, comme sur toutes les branches des connaissances humaines, sa grande mémoire était riche de faits et de souvenirs acquis par une immense lecture. Ces trésors de science et d'érudition, il n'en était pas avare ; il les répandait à pleines mains sur tous ceux qui le consultaient, avec un empressement, avec une gracieuse bienveillance qui en doublaient le prix. Les habitants de Fontainebleau s'étaient habitués à le consulter sur tous les objets plus ou moins anciens qu'ils découvraient dans la forêt. C'est ainsi que Champollion put sauver du creuset de l'orfèvre entre autres monuments précieux, des deniers d'argent de Hugues le Grand, duc de France, comte de Paris, père du roi Hugues Capet et mort en l'année 956. Ces monnaies très-rares, inconnues et inédites, ont ensuite enrichi les collections de la Bibliothèque impériale.

Parvenu aux extrêmes limites de la vie, à l'âge de 89 ans, Champollion s'est éteint doucement entre les bras du dernier des fils que la mort lui eût laissé, sans douleurs, sans secousse, comme s'endort un voyageur fatigué d'un long voyage. Peu de jours auparavant, il s'occupait encore à annoter un ouvrage sur la filiation des langues. Sa fin a été celle d'un philosophe, comme le devait faire un homme qui avait formulé hardiment en ces termes l'une des conséquences de ses recherches sur les antiquités égyptiennes : « Or, ces deux rois, Souphi et » Mencherès, appartiennent à la quatrième dynastie des rois » primitifs de l'Egypte, et la supputation la plus modérée » porte l'époque de leur règne à plus de quatre mille ans » avant l'ère chrétienne. A cette époque donc, l'Egypte éle- » vait ses pyramides, merveilles de l'ancien et du nouveau » monde ; ces pyramides sont exactement orientées ; elles » renferment les témoignages irrécusables de l'existence » d'une religion nationale, du gouvernement monarchique, » des lois, des arts et de l'écriture, même alphabétique, etc. » (*Fourier et Napoléon*, par Champollion-Figeac, page 71.)

CATALOGUE DE SES OUVRAGES.

Cette esquisse de la vie de Champollion-Figeac aurait été, ce me semble, trop incomplète, si elle n'avait été accompagnée de la liste de ses publications. C'était la plus belle couronne qui pût être déposée sur sa tombe. J'ai donc mis tous mes soins à dresser cette liste et, sauf les réserves qu'il est toujours prudent de faire en matière de bibliographie, je la donne comme plus complète et plus exacte que toutes celles qui ont été faites par les bibliographes. Mon travail étant spécialement destiné aux amis des livres, je me suis attaché à décrire minutieusement les opuscules les plus minces, les moins importants en apparence, et à reproduire textuellement tous les titres d'après la méthode adoptée par les bibliographes. Pour le classement, j'ai adopté de préférence l'ordre chronologique; il a l'avantage d'initier, en quelque sorte, jour par jour, aux travaux, aux préoccupations d'un auteur, et il permet de le suivre, pas à pas, dans toutes les évolutions successives de son intelligence.

§ I.

I. — *Dissertation sur un monument souterrain existant à Grenoble.* — Grenoble, an XII, in-8° de 25 pag. avec 1 pl. — Il en a été tiré 20 exemplaires dans le format in-4°.

C'est la description de la crypte de l'église Saint-Laurent de Grenoble.

II. — *Inscriptiones Cularonenses restitutæ.*— Gratianopoli, 1804. Tableau *in-plano.*

A été reproduit dans le n° VII.

III. — *Lettre sur une inscription grecque du temple de Denderah, adressée à M. Fourier, préfet de l'Isère.* — Grenoble, Peyronard, 1806, in-8° de 18 pag. avec 1 pl.

IV. — *Notice sur une édition d'Homère entreprise par J. Rodolphe Wetstein.* — Paris, Sajou, 1806, in-8° de 36 pag.

Extrait du *Magasin Encyclopédique*, août 1806.

V. — *Notice d'un manuscrit latin intitulé*: Albani belli libri quinque. — Paris, Sajou, 1807, in-8° de 20 pag.

Extrait du même recueil, juin 1807.

VI. — *Eloge historique de M. Etienne-Berard Trousset, docteur en médecine, ancien professeur de physique et de chimie à l'Ecole centrale du département de l'Isère, etc.* — Grenoble, impr. de Peyronard, 1807, in-8° de 32 pag.

VII. — *Antiquités de Grenoble, ou Histoire ancienne de cette ville d'après ses monuments.* — Grenoble, impr. de Peyronard, 1807, in-4° de 151 pag.

VIII. — *Nouvelles recherches sur les patois ou idiomes vulgaires de la France, et en particulier sur ceux du département de l'Isère; suivies d'un essai sur la littérature dauphinoise et d'un appendice contenant des pièces en vers ou en prose peu connues, des extraits de manuscrits inédits et un Vocabulaire.*—Paris, Goujon, 1809, in-12 de 201 pag.

IX. — *Souvenir de l'amitié.* J.-J. C.-F. — Grenoble, Peyronard, 1809, in-8° de 8 pag.

C'est un extrait des *Annales du département de l'Isère*, n° 48, contenant une héroïde intitulée : *Œnone, ou la Nymphe du Mont-Ida*, par DD., et précédée d'une lettre signée J.-J. C.-F.

X. — *Notice des accroissements de la bibliothèque de Grenoble pendant l'année 1808.* — Grenoble, Peyronard, 1809, in-8° de 58 pag.

XI. — *Discours d'ouverture et programme d'un cours de littérature grecque.* — Grenoble, 1810, in-4° de 32 pag.

L'ouverture de ce cours avait été annoncée par une circulaire intitulée : *Cours élémentaire de langue grecque.* (Grenoble, Peyronard), in-8° de 3 pag.

XII. — *Lettre sur une statue du moyen âge découverte par M. Lemaître, curé à Grenoble.* — Paris, Sajou, 1810, in-8° de 10 pag.

Extrait du *Magasin Encyclopédique*.

XIII. — *Notice sur diverses contrées du département de l'Isère connues sous un nom spécial.* — Grenoble, Allier, 1810, in-8° de 15 pag.

Publiée en collaboration avec Berriat-Saint-Prix.

XIV. — *Dissertation sur une ancienne sculpture grecque du Cabinet des antiques de Grenoble; explication de son sujet et des inscriptions qui l'accompagnent.* — Paris, Sajou, 1811, in-8° de 39 pag. avec fig.

Extrait du *Magasin Encyclopédique*, août 1811. — C'est un triptyque en buis du XIVe siècle, où sont représentées les 12 fêtes de l'église grecque, avec 14 inscriptions.

XV. — Lettre à M. Millin, *sur des Inscriptions romaines des environs de Grenoble.* — 1811, in-8°, de 6 pag.

Extrait du même recueil.

XVI. — Autre lettre au même *sur une Inscription découverte à Grenoble.* — 1811, in-8° de 6 pag.

Extrait du même recueil.

XVII. — *Lettre inédite de Peiresc, avec des Observations historiques.* — Paris, Sajou, 1811, in-8° de 18 pag.

Extrait du même recueil.

XVIII. — *Notice d'une édition de la danse Macabre, antérieure à celle de 1486 et inconnue aux bibliographes.* — Paris, impr. de Sajou, 1811, in-8°, de 17 pag.

Extrait du même recueil, décembre 1811.

L'édition dont il s'agit est de l'an 1485 et appartient à la bibliothèque publique de Grenoble.

XIX. — *Histoire.— Egypte. — Description de l'Egypte, ou Recueil des observations et des recherches qui ont été faites en Egypte pendant l'expédition de l'armée française, publié par les ordres de Sa Majesté l'Empereur Napoléon le Grand. Première livraison. Préface historique par*

M. Fourier.— Grenoble, impr. de Peyronard, sans date, in-8° de 6 pag.

Extrait des *Annales du département de l'Isère.* — C'est la reproduction, avec quelques changements, d'un article critique sur la première livraison de la description de l'Egypte déjà publié dans le *Magasin Encyclopédique* et tiré à part. (Paris, Sajou, in-8° de 16 pag.)

XX. — *Extrait du Journal du département de l'Isère, du vendredi 21 février 1812, n° 23.* — Grenoble, impr. de la veuve Peyronard, in-8°, de 4 pag.

C'est l'Eloge de Dubois-Fontanelle, bibliothécaire de la ville de Grenoble, prononcé sur sa tombe par Champollion-Figeac.

XXI. — *Lettre inédite de Fénelon relative à son livre des Maximes des saints.* — in-8° de 18 pag.

Extrait du *Magasin Encyclopédique,* septembre 1813.

XXII. — *Dictionnaire universel portatif de la langue française,* par Cl.-M. Gattel. *Seconde édition.* — Lyon, Ve Buynard, 1813, 2 vol. in-8°.

Champollion, qui a préparé et publié cette 2e édition, y a ajouté une Notice historique sur l'auteur et une Préface. Son frère a rédigé tout ce qui est relatif aux étymologies orientales.

XXIII. — *Note sur une nouvelle espèce d'insecte du genre Corynetés de Fabricius, observée à Grenoble.* — Paris, impr. Sajou, 1814, in-8° de 8 pag.

Extrait du *Magasin Encyclopédique,* mai 1814. — L'insecte dont il s'agit fut découvert par Champollion-Figeac sous les bandelettes d'une momie appartenant à la bibliothèque publique de Grenoble.

XXIV. — *Nouveaux éclaircissements sur la ville de Cularo, aujourd'hui Grenoble.* — Paris, Sajou, 1814, in-8° de 39 pag.

Extrait du même recueil, juin 1814.

XXV. — *Lettres inédites de Fénelon pour servir à deux passages de son histoire, par M. de Bausset.* — Paris, Goujon, 1817, in-8° de 44 pag.

XXVI. — *Lettres adressées à quelques savants par Bonaventure d'Argonne, chartreux, avec une lettre à M. Millin.* — 1817, in-8° de 35 pag.

Extrait des *Annales Encyclopédiques.*

XXVII. — *Explication de la date égyptienne d'une inscription grecque tracée sur le colosse de Memnon à Thèbes.* — Paris, Le Normand, 1819, in-8° de 47 pag., avec 1 pl.

Extrait du même recueil.

XXVIII. — *Annales des Lagides, ou chronologie des rois grecs d'Egypte successeurs d'Alexandre le Grand.* — Paris, Fanjat, 1819, 2 vol. in-8° avec des tableaux chronologiques et 2 pl. de médailles.

Ouvrage couronné par l'Institut en 1818. Il a été complété par deux brochures intitulées :

Eclaircissements historiques sur le papyrus grec trouvé en Egypte, et connu sous le nom de Contrat de Ptolémaïs. — Paris, Fanjat, s. d., in-8° de XLIV pag.

Annales des Lagides. Supplément contenant la défense de la chronologie de cet ouvrage. — Paris, Fantin, 1821, in-8° de 64 pag.

XXIX. — *Extrait du Moniteur, du vendredi 14 janvier 1820.* — Paris, impr. v^e^ Agasse, in-8° de 2 pag.

C'est une réponse à une dénonciation anonyme (par A.-A. D.....) insérée dans le *Conservateur* et intitulée : « Sur la » nomination du sieur C... à la place de bibliothécaire à... »

XXX. — *Nouvelles recherches sur la ville gauloise d'Uxellodunum assiégée par Jules César.* — Paris, impr. Roy, 1820, in-4° de 116 pag. avec 6 pl.

XXXI. — *Bibliothèque de la ville de Grenoble. — Notice sur l'état de la Bibliothèque, depuis le mois d'octobre 1819 jusqu'à la fin de l'année 1820, présentés à la Commission administrative par MM. les bibliothécaires.* — (Grenoble, Barnel, 1821), in-8° de 8 pag.

XXXII. — *Notice sur deux papyrus Egyptiens en écriture démotique et du règne de Ptolémée Epiphane-Eucharíste.* — Paris, Dondey-Dupré, 1823, in-8° de 32 pag., avec 1 planche.

Extrait du *Journal asiatique.*

XXXIII. — *Notice sur une momie égyptienne du temps d'Hadrien, déposée au musée royal Egyptien de Turin.* — (Paris, impr. Fain, 1824), in-8° de 4 pag. avec 1 pl.

Extrait du *Bulletin Férussac*, VIIe section, n° 91, p. 177.

XXXIV. — *Notice sur un papyrus grec et sur une inscription égyptienne et grecque du musée royal égyptien de Turin.* — (Paris, impr. Fain), in-8° de 11 pag.

Extrait du même recueil, cahier de juin 1824.

XXXV. — *Observations sur les coudées égyptiennes découvertes dans les ruines de Memphis.* — (Paris, impr. Fain), in-8° de 8 pag. avec 1 planche.

Extrait du même recueil, 1824, t. I, p. 332.

XXXVI. — *Supplément aux observations sur les coudées égyptiennes, découvertes dans les ruines de Memphis.* — (Paris, impr. Fain), in-8° de 4 p.

Extrait du même recueil, 1824, t. II, n° 25.

XXXVII. — *Lettres à M. le duc de Blacas, relatives au musée royal égyptien de Turin,* par Champollion le Jeune. — Paris, Didot, 1824-1826, 2 part., in-8° avec 17 pl.

Il y a, à la suite de cet ouvrage, des *Notices chronologiques des dynasties égyptiennes de Manéthon*, par Champollion-Figeac.

XXXVIII. — *Collection d'antiquités d'Egypte de M. E. Durand, à Paris, acquises par le Gouvernement.* — In-4° de 4 pag.

Extrait du *Bulletin Férussac*, février 1825.

XXXIX. — *Archéologie égyptienne. Scarabées. Système numérique.* — (Paris, impr. Fain), in-8° de 7 pag.

Extrait du même recueil, avril 1825. — L'article est signé C.-F.

XL. — *Œuvres complètes de Fréret, secrétaire perpétuel de l'Académie des Inscriptions et Belles-Lettres, mises dans un nouvel ordre, augmentées de plusieurs Mémoires inédits et accompagnées de Notes et d'éclaircissements historiques.* — Paris, Didot, 1825, in-8°, t. I, seul paru.

L'ouvrage entier devait former 8 vol. in-8° avec cartes et une table générale.

Il en avait été publié un prospectus (Paris, impr. Didot) in-8° de 8 pag. — Les préliminaires de cet ouvrage, contenant l'*Avertissement* et la *Vie de Fréret,* ont été tirés à part. Paris, Didot, 1825, in-8° de LVI pag.

XLI. — *Résumé complet d'archéologie.* — Paris, au bureau de l'*Encyclopédie portative*, 1825-1826, 2 vol. in-32 avec planches.

Le 2e volume a de plus sur le titre :... *contenant les traités sur les pierres gravées, les inscriptions, les médailles, les ustensiles sacrés et profanes, meubles, armes, etc., suivie de la Biographie des plus célèbres antiquaires, de la Bibliographie archéologique, et d'un Vocabulaire.*

Cet ouvrage fait partie de l'*Encyclopédie portative* publiée par Bailly de Merlieux.

Il en a été fait une deuxième édition augmentée, sous le titre de *Traité élémentaire d'archéologie.* — Paris, Fournier, 1842, 2 vol. in-32 avec 2 pl.

XLII. — *Notice sur une stèle en grec et en égyptien démotique de la nouvelle collection royale égyptienne de Paris.* — (Paris, impr. Fain), in-8° de 6 pag.

Extrait du *Bulletin Férussac*, mai 1826.

XLIII. — *Etymologie.* — Paris, imp. Moreau, 1827, in-8° de 24 pag.

Extrait à 25 exemplaires de l'*Encyclopédie moderne.* — Cet article a été ensuite réimprimé en tête du *Dictionnaire étymologique de la langue française*, par Roquefort (Paris, Gœury, 1829, 2 vol. in-8°), et il en a été fait un tirage à part sous ce titre : *Dissertation sur l'étymologie* (Paris, impr. Decourchant), in-8° de 20 pag.

Le Dictionnaire est dédié à Champollion-Figeac.

XLIV. — *Notice sur le cabinet des Chartes et Diplômes de l'histoire de France.* — Paris, Didot, 1827, in-8° de 32 pag., plus la préface non paginée.

XLV. — *Les tournois du roi René, d'après le manuscrit et les dessins originaux de la bibliothèque royale, publiés par MM. Champollion-Figeac pour le texte et les notes explicatives; L.-J.-J. Dubois pour les dessins et les planches coloriées.* — Paris, Motte, Didot, L.-J.-J. Dubois, 1827-1830, grand in-folio de 50 pages de texte et 20 planches.

Il en avait été publié un prospectus (impr. Didot, 1825) in-4° de 4 pag.

XLVI. — *Charte de commune en langue Romane, pour la ville de Gréalou, en Quercy; publiée avec sa traduction française et des remarques sur quelques points de l'histoire de la langue Romane en Europe et dans le Levant.* — Paris, Didot, 1829, in-8° de XII, 125 et 5 pag.

XLVII.—*Analyse d'un Mémoire de M.-C. Gazzera, relatif à un décret de patronage et de clientèle et à quelques autres antiquités de la Sardaigne.* — (Paris, Didot), in-8° de 20 pag. avec 1 pl.

Extrait du *Bulletin Férussac,* mai, juin et juillet 1830.

XLVIII. — *Résumé complet de chronologie générale et spéciale, contenant les éléments de la chronologie sacrée et profane, l'exposition des calendriers anciens et modernes, des périodes civiles ou astronomiques, et des ères diverses; terminé par un Tableau chronologique des principales époques de l'histoire depuis l'origine du monde jusqu'à 1800, et suivi d'une biographie des chronologistes, d'une bibliographie et d'un vocabulaire.* — Paris, au bureau de l'*Encyclopédie portative* et chez Bachelier, 1830, grand in-32.

Cet ouvrage forme la XLIIe livraison de l'*Encyclopédie portative* publiée par Bailly de Merlieux.

XLIX. — *Correspondance de M. de Bréquigny, relative à ses recherches sur l'histoire de France dans les archives de l'Angleterre, publiée d'après les pièces originales.* — Paris, imp. Didot, 1831, in-8° de 29 pag.

Extrait du *Bulletin Férussac,* cahiers de novembre 1830, janvier et février 1831.

L. — *Notice sur un sarcophage royal nouvellement découvert en Egypte et transporté de Thèbes à Paris.* — (Impr. Ve Agasse), in-8° de 6 pag.

Extrait du *Moniteur*, du 25 juillet 1833.

LI. — *L'obélisque de Louqsor transporté à Paris. Notice historique, descriptive et archéologique sur ce monument, par M. Champollion-Figeac; avec la figure de l'obélisque et l'interprétation de ses inscriptions hiéroglyphiques, d'après les dessins et les notes manuscrites de Champollion le Jeune.* — Paris, Didot, 1833, 1 vol. in-8° de XI et 92 pag. avec 2 planches.

Traduit en allemand et publié à Leipsick, 1834, in-8°.

LII. — *L'obélisque de Louqsor transporté à Paris. Notice historique, descriptive et archéologique sur ce monument, d'après les dessins faits à Louqsor en 1829, par Champollion le Jeune.* — Gr. feuille in-folio (lith. Letronne), accompagnée d'un texte explicatif, destinée à être vendue dans les rues de Paris lors de l'érection de l'obélisque. C'est la reproduction de l'une des planches de l'ouvrage précédent.

LIII.—*Archéologie, ou traité des antiquités, monuments de l'art, etc.* — Paris, Sétier, 1834, 2 parties, in-18.

Fait partie de la *Bibliothèque populaire, ou l'Instruction mise à la portée de toutes les classes et de toutes les intelligences.*

LIV. — *L'ystoire de li Normant et la chronique de Robert Viscart, par Aimé, moine du Mont-Cassin; publiée pour la première fois, d'après un manuscrit français inédit du 13e siècle appartenant à la Bibliothèque Royale; pour la Société de l'histoire de France.* — Paris, Renouard, 1835, 1 vol. in-8°. Prolégomènes, CVII pages; texte, 369 pag.

Les Prolégomènes ont été tirés à part à 50 exemplaires dont quelques-uns sur papier vélin.

LV. *Paléographie des classiques latins, d'après les plus beaux manuscrits de la Bibliothèque Royale de Paris. Recueil de Fac-Simile fidèlement exécutés sur les originaux et accompagné de Notices historiques et descriptives par A.* (Aimé) *Champollion-Figeac, avec une Introduction par M. Champollion-Figeac.* Prospectus-spécimen. — Paris, Panckoucke, 1836, in-4° de XVI pag. et 2 pl. pour l'introduction, 80 pag. et 12 pl. pour le texte.

L'introduction, qui est de Champollion-Figeac, a été tirée à part.

Il en avait été publié un *Prospectus-specimen.* — Paris, Panckoucke.

LVI. — *Hiéroglyphes.* — (1836), in-8° de 20 pag. Extrait de l'*Encyclopédie moderne.*

LVII. — *Papyrus généthliaques expliqués par Champollion-Figeac et de Golbery.* — 1836, in-8° de 10 pag.

LVIII. — *Chartes latines sur papyrus, du sixième siècle de l'ère chrétienne, appartenant à la Bibliothèque Royale, publiées d'après les ordres de M. le ministre de l'instruction publique.* — Paris, imp. Didot, 1840, in-folio, avec des notices et des planches.

1er et 4e fascicules de la collection des chartes latines, publiés pour l'Ecole des Chartes. En tête sont des Notices par Champollion-Figeac.

LIX. — *Fragment inédit de la fin du huitième siècle, relatif à l'histoire de Charlemagne.* — Paris, imp. Didot, 1836, in-8° de 23 pag. avec un fac-simile.

LX. — *Hilarii versus et ludi, publiés d'après un manuscrit inédit de la Bibliothèque Royale de Paris, avec une Préface critique.* — Paris, Téchener, 1838, in-8° de XV pag. de préface et 61 de texte.

Il en a été tiré quelques exemplaires sur papier de Hollande.

LXI. — *L'Egypte ancienne.* — Paris, Didot, 1839, 1 vol. in-8° avec 98 pl.

Cet ouvrage fait partie de la collection de l'*Univers pittoresque.* Il a été traduit deux fois en allemand. — Francfort, 1839, et Stuttgart, 1840.

LXII. — *Paléographie universelle, collection de facsimile d'écritures de tous les peuples et de tous les temps, tirés des plus authentiques documents de l'art graphique, chartes et manuscrits existants dans les archives et les bibliothèques de France, d'Italie, d'Allemagne et d'Angle-*

terre, publiée d'après les modèles écrits, dessinés et peints sur les lieux, par M. Silvestre, et accompagnés d'explications historiques et descriptives, par M. Champollion-Figeac et Aimé Champollion fils. — Paris, Sylvestre, 1839-1841, in-folio, avec 600 pl.

A été traduit en anglais. — London, 1850, 2 vol. in-8°.

LXIII. — *Documents historiques inédits, tirés des collections manuscrites de la bibliothèque royale et des archives ou des bibliothèques des départements.* — Paris, Didot, 1841-1851, 4 vol. in-4°.

Cette publication fait partie de la *Collection de documents inédits sur l'histoire de France* publiés par le ministère de l'instruction publique.

Il a été fait trois tirages à part de quelques documents imprimés dans ce recueil.

Du t. I. — *Document inédit relatif à Jean, sire de Joinville, historien de saint Louis.* — In-4° de 32 pag. avec 1 pl.

Du t. II. — *Chartes inédites en dialecte catalan et en arabe, contenant des traités de paix et de commerce, de 1270 à 1339, conclus entre les rois de Majorque, seigneurs de Montpellier, et les rois Maures de Tunis.* — In-4° de 53 pag. avec fac-simile de la charte arabe et catalane de 1339.

Du t. IV, — *Passion de N.-S. Jésus-Christ et passion de Saint-Léger, en langue romane et en vers, d'après un manuscrit appartenant à la bibliothèque de Clermont-Ferrand.* — Paris, Didot, 1849, in-4° avec 2 pl.

LXIV. — *Notice sur un ouvrage intitulé :* Interpretatio Obeliscorum Urbis ad Gregorium XVI pontificem maximum, digesta per Aloisium Mariam Ungarellium, sodalem Barnabitam... — (Imp. Ve Dondey-Dupré), in-8° de 19 pag.

Extrait de la *Revue de bibliographie analytique*, n° de juillet 1842.

Champollion-Figeac y constate que l'ouvrage d'Ungarelli

avait été, en grande partie, préparé par son frère, pendant son séjour à Rome, et par ordre du pape.

LXV. — *Notice sur deux grammaires coptes nouvellement publiées, et sur la grammaire copte manuscrite de Champollion le Jeune.* — (Paris, 1842), in-8° de 16 pag.

Tirage à part de la *Revue bibliographique analytique.*

L'objet de cet écrit est de signaler les emprunts faits aux manuscrits de Champollion le Jeune par le savant italien.

LXVI. — *Notice sur les manuscrits autographes de Champollion le Jeune, perdus en l'année 1832 et retrouvés en 1840.* — Paris, Didot, 1842, in-8° de 47 pag. avec un fac-simile.

Relative à la soustraction de manuscrits de Champollion le Jeune par Salvolini, un de ses disciples.

LVII. — *Ecriture démotique égyptienne. Lettre de M. Champollion-Figeac à M. Ch. Lenormant (7 février 1843).* —(Paris, lith. de Clouet), in-4° de 14 pag.

LVIII. — *Des dynasties égyptiennes à l'occasion des ouvrages de MM. Baruchi et Bunsen.* — 1843, in-8° de 42 p.

Extrait de la *Nouvelle Revue encyclopédique.*

LXIX. — *Fourier et Napoléon : L'Egypte et les Cent-Jours. Mémoires et documents inédits.* — Paris, Didot, 1844, 1 vol. in-8° avec 1 pl.

LXX. — *Etat actuel des catalogues des manuscrits de la Bibliothèque Royale.* – Paris, Didot, 1847, in-8° de X et 27 pag.

LXXI. — *Lettres de rois, reines et autres personnages des Cours de France et d'Angleterre, depuis Louis VII jusqu'à Henri IV, tirées des archives de Londres par Bréquigny et publiées par M. Champollion-Figeac.* — Paris, imp. roy., 1839-1847, 2 vol. in-4°.

LXXII. — *Lettre de M. Champollion-Figeac relative à la Note de M. Mariette, concernant un passage du papyrus royal de Turin de la VIe dynastie de Manéthon.* — 1850, in-8° de 4 pag.

Extrait de la *Revue archéologique.*

LXXIII. *De la table manuelle des rois et des dynasties égyptiennes, ou papyrus royal de Turin, de ses fragments originaux, de ses copies manuscrites ou imprimées et de ses interprétations.* 1851, in-8° de 50 pag. avec pl.

Extrait de la même revue.

LXXIV. — *Remarques sur le mémoire de M. Poitevin, relatif à sept cartouches de la table d'Abidos, attribués à la XIIe dynastie égyptienne.* — 1855, in-8° de 4 pag.

Extrait de la même revue.

LXXV. — *Histoires des peuples anciens et modernes.* — *La Perse.* — Paris, Magiaty, 1857, 1 vol. in-8°.

Ouvrage illustré de fig. coloriées. — L'Inde, la Chine et l'Arabie ont été rédigées par l'auteur et étaient sous presse au moment de sa mort.

LXXVI. — *Lettre au directeur de la* Revue Britannique, *au sujet des recherches du docteur Young sur les hiéroglyphes égyptiens.* — Paris, typogr. Hennuyer, 1857, in-8° de 11 pag.

Extrait de la *Revue Britannique.*

Cette lettre est relative à une publication anglaise qui revendiquait, pour Young, la priorité sur Champollion le Jeune, de la découverte de l'alphabet égyptien.

LXXVII. — *Observations sur un passage de l'introduction à l'étude des hiéroglyphes, par M. Birch.* — 1858, in-8° de 8 pag.

Extrait de la *Revue archéologique.*

LXXVIII. — *Histoire des usages funèbres des peuples anciens, par Ernest Feydeau.* — 1859, in-8° de 7 pag.

Article critique sur cet ouvrage extrait de la *Revue archéologique.*

LXXIX. — *Recherches sur les calendriers comparés des peuples anciens.* — 1860, in-8° de 50 pag.

Extrait de la même revue.

LXXX. — *Cimetière gaulois de Cély (Seine-et-Marne). Notice des fouilles faites d'après l'ordre de l'Empereur en l'année 1860.* — Paris, Didot, 1861, in-8° de 22 p. avec 1 pl.

LXXXI. — *Monographie du palais de Fontainebleau, dessinée et gravée par Pfnor, accompagnée d'un texte historique et descriptif par Champollion-Figeac.* — Paris, Morel et Ce, 1863, 2 vol. gr. in-folio.

LXXXII. — *Le palais de Fontainebleau, ses origines, son histoire artistique et politique, son état actuel, publié par ordre de l'Empereur.* — Paris, imp. impériale, 1866, gr. in-folio avec 32 planches.

§ II.

Ouvrages dont les dates de publication n'ont pu être déterminées.

LXXXIII. — *Mélanges historiques sur le Dauphiné et principalement sur le département de l'Isère.* — S. l. ni d. (Grenoble, Peyronard), in-8° de 40 pag.

Publication non achevée. C'est la réunion de divers articles historiques insérés dans le *Journal de Grenoble* de 1808 à 1809.

LXXXIV. — *Médaille Egyptienne où seront inscrits les noms de MM. les Souscripteurs. Notice sur cette médaille.* — (Paris, impr. Panckoucke), S. d. in-8° de 8 pag.

C'est la description de la médaille destinée aux souscripteurs de la seconde édition de la *Description de l'Egypte.*

LXXXV. — *Notice d'un manuscrit latin de la chronique d'Eusèbe.* — (Paris, impr. d'Everat), S. d. in-8° de 8 pag. Extrait du *Bulletin de la société de géographie.*

LXXXVI. — *Extrait du catalogue raisonné et historique des antiquités découvertes en Egypte par M. Joseph Passalacqua, de Trieste.* — (Paris, impr. Trouvé), S. d. in-8° de 4 pag.

§ III.

Ouvrages de son frère qu'il a mis en ordre et publiés.

Les manuscrits de Champollion le Jeune furent acquis par le gouvernement français en vertu d'une loi portant la date du 24 avril 1833. Mais dès qu'il fut question de les publier, on s'aperçut immédiatement des difficultés sans nombre que l'impression de ces textes présenteraient, indépendamment des soins minutieux et de l'érudition qu'exigerait cette longue opération.

Champollion-Figeac s'occupa immédiatement à résoudre d'abord les difficultés matérielles ; de nombreux essais furent faits et on parvint enfin à combiner des moyens typographiques et lithographiques employés simultanément sur la même page, qui permirent d'imprimer, et non sans de grandes dépenses, un texte criblé de signes hiéroglyphiques, de mots coptes, etc.

La grammaire égyptienne fut alors mise sous-presse et publiée par Champollion-Figeac (Voyez la lettre de M. Guizot ci-après). Ce travail exigea plusieurs années. Pendant ce temps, le Gouvernement nommait une commission chargée d'étudier et d'adopter un plan de publication des dessins et des *notices* rapportés du voyage d'Egypte. Ces Notices consistaient en plus de 2,000 pages, toutes de la main de Champollion le Jeune, écrites rapidement pendant son voyage et contenant, outre des descriptions de monuments, le texte de toutes les inscriptions hiéroglyphiques qui devaient compléter les dessins.

Sur la proposition de Champollion-Figeac, membre de la commission dont je viens de parler, le premier plan de publication adopté par son frère et qui consistait à classer les planches et à rédiger un texte par divisions historiques, religieuses, etc., fut abandonné, l'auteur n'étant plus là pour en diriger lui-même l'exacte répartition et ses notes étant insuffisantes pour obtenir ce résultat. La commission adopta le plan de publier les dessins par localité, en suivant exactement les indications des Notices. Il fut aussi décidé qu'on n'ajouterait pas un mot, *pas un dessin* au recueil de Champollion le Jeune. La *première* livraison de cette immense publication fut préparée par la commission ; mais la révision des textes hiéroglyphiques exigeant un temps considérable dont tous ses membres ne pouvaient pas disposer, la commission abandonna, dès la 2e *livraison*, au dévouement fraternel de Champollion-Figeac ce labeur des plus pénibles, des plus ingrats ; il y consacra, en effet, 12 années de sa vie.

Lorsque le moment vint de publier les *Notices*, les difficultés furent encore plus grandes et Champollion-Figeac ne put les surmonter qu'en adoptant les procédés autographiques. Six livraisons seulement furent imprimées.

Toutes ces publications cessèrent entièrement en 1848, pendant la République qui avait destitué Champollion-Figeac, et dès cette époque, jusqu'à aujourd'hui, *on n'a plus publié une seule ligne* des immortels travaux de Champollion le Jeune, bien que ses Notices ne fussent pas entièrement imprimées. Des critiques furent, il est vrai, élevées contre le mode de publication employé ; elles étaient si faciles en 1848 ! et cependant depuis cette époque (19 ans) qu'a-t-on fait pour la mise en lumière de ces travaux encore inédits...? Rien.

Nous pouvons ajouter à l'honneur de la mémoire de Champollion-Figeac, que tous les égyptologues français réunis et après avoir fait faire de nombreuses tentatives à l'imprimerie impériale, n'ont pas pu inventer un autre moyen de publication des manuscrits de l'illustre fondateur de la science égyptienne que ceux employés par Champollion-Figeac. Enfin, si je suis bien informé, le savant professeur d'archéologie égyptienne du collége de France qui, lui aussi, a fait un voyage en Egypte, n'a trouvé d'autres procédés pour publier ses propres travaux que ceux mis en pratique par Champollion-Figeac il y a dix-neuf ans, et il emploie, de plus, le même dessinateur, M. Jules Feuquières, qui a travaillé exclusivement une partie de sa vie à la publication des œuvres de Champollion le Jeune.

LXXXVII. — *Lettres écrites d'Egypte et de Nubie, en 1828 et 1829, par Champollion le Jeune. Collection complète, accompagnée de trois mémoires inédits et de planches.* — Paris, Didot, 1833, 1 vol. in-8° avec 6 pl.

C'est la réunion des lettres adressées à Champollion-Figeac par son frère pendant le mémorable voyage de celui-ci en Egypte et en Nubie. Champollion le Jeune avait l'habitude d'écrire à son frère dans toutes les circonstances de sa vie et de toutes les localités d'Europe et d'Afrique qu'il a parcourues; cette correspondance fut pour ainsi dire journalière entre les deux savants et elle remonte à l'enfance même de l'illustre égyptologue. Dans son ensemble, elle retrace les différentes phases des travaux archéologiques des deux Champollion, ainsi que les vicissitudes politiques auxquelles ils furent l'un et l'autre rigoureusement soumis.

LXXXVIII.—*Grammaire égyptienne, ou Principes généraux de l'écriture sacrée égyptienne appliquée à la représentation de la langue parlée, par Champollion le Jeune. Publiée sur le manuscrit autographe par l'ordre de M. Guizot, ministre de l'instruction publique.*— Paris, Didot, 1835-1841, pet. in-folio.

Avec une préface de l'éditeur et une dédicace au baron Sylvestre de Sacy.

LXXXIX.— *Monuments d'Egypte et de la Nubie, d'après les dessins exécutés sur les lieux sous la direction de Champollion le Jeune, et les descriptions autographes qu'il en a rédigées. Publiés sous les auspices de M. Guizot et de M. Thiers, ministres de l'instruction publique et de l'intérieur, par une commission spéciale.* — Paris, Didot, 1835, t. I, in-folio maximo.

Cet ouvrage devait primitivement être publié en français et en italien, aux frais des gouvernements français et toscan, par Champollion le Jeune et H. Rossellini. Il en parut un prospectus, en deux langues, sous le titre suivant :

Les monuments de l'Egypte et de la Nubie considérés dans leurs rapports avec l'histoire, la religion et les usages civils et domestiques de l'ancienne Egypte, décrits d'après les recherches faites dans ces contrées durant les années 1828 et 1829 par les deux commissions scientifiques française et toscane et publiés sous les auspices des gouvernements de France et de Toscane, par Champollion le Jeune et H. Rossellini. PROSPECTUS. (1831, imp. Didot), in-8° de 8 pag.

Mais ce premier projet de publication fut abandonné après la mort de Champollion le Jeune et l'ouvrage parut sous le titre qui a été donné plus haut, d'après le plan adopté par le gouvernement français sur la proposition de Champollion-Figeac.

XC. — *Dictionnaire égyptien en écriture hiéroglyphique, par J.-F. Champollion le Jeune. Publié d'après les manuscrits autographes par M. Champollion-Figeac.*— Paris, Didot, 1842-1844, pet. in-folio.

L'ouvrage est précédé d'une préface de l'éditeur et ne contient que les mots égyptiens traduits par Champollion le Jeune.

XCI. — *Mémoire sur les signes employés par les anciens égyptiens à la notation des divisions du temps dans leurs trois systèmes d'écriture.*

Inséré dans les *Mémoires de l'Académie des Inscriptions et Belles-Lettres*, t. XV, pag. 73-136, avec 6 pl. Ce Mémoire avait été lu dans une des séances hebdomadaires de l'Académie, mais il avait été soustrait du cabinet de l'auteur et ne fut retrouvé qu'en 1840 ; voir n° LXVI.

§ IV.

Il a rédigé le *Journal de Grenoble* depuis le mois de janvier 1808 (n° 19) jusqu'au mois d'octobre 1812 (n° 131) et de mars à juillet 1815.

Il a rédigé les tomes V, VII et IX des *Mémoires de l'Académie des Inscriptions et Belles-Lettres*, et il est l'auteur des éloges des académiciens dont les noms suivent, éloges qui ont éte imprimés sous le nom de Dacier :

Visconti.	Du Pont de Nemours.
De Choiseul.	Lanjuinais.
Tochon.	Clavier.
Bernard.	Fauris de Saint-Vincent.
Barbié du Bocage.	De Pouilly.
Langlès.	Boissy d'Anglas.
Marq. Garnier.	Millin.

Il a rédigé aussi le *discours de réception* du même Dacier à l'Académie-Française.

Il est auteur du *discours préliminaire* placé en tête de la nouvelle édition, donnée par Roquefort, des *Introductions à l'étude de l'archéologie des pierres gravées et des médailles par Millin.* (Paris, Girard, 1826), in-8°.

Outre les grands recueils scientifiques et littéraires mentionnés dans le § I et dont il a été l'un des plus actifs collaborateurs, il a travaillé à la *Bibliothèque latine française*, au *Dictionnaire de la conversation*, au *Moyen âge et la renaissance* publié par le bibliophile Jacob, à plusieurs encyclopédies, à des journaux tels que le *Constitutionnel*, l'*Abeille Impériale*, le *Moniteur*, etc., etc.

AD. ROCHAS.

A M. CHAMPOLLION-FIGEAC.

MINISTÈRE DE L'INSTRUCTION PUBLIQUE.

Paris, le 16 août 1830.

Monsieur, j'ai pris connaissance de la réclamation que vous avez faite pour obtenir votre réintégration dans le corps enseignant.

Il y a lieu de regretter, Monsieur, que l'instruction publique ait été si longtemps privée des utiles services que vous auriez pu lui rendre. Les travaux auxquels vous vous êtes livré et qui ont illustré votre nom, vous donnent des droits tout particuliers à l'attention bienveillante de l'Autorité. Veuillez croire que je ne les perdrai pas de vue.

Recevez, etc.

Le Ministre de l'instruction publique,

Duc de Broglie.

A M. CHAMPOLLION-FIGEAC.

SECRÉTAIRERIE D'ÉTAT
POUR LES
AFFAIRES ÉTRANGÈRES.

Turin, 29 février 1840.

Le Roi, mon auguste Souverain, a reçu avec plaisir l'hommage des deux derniers ouvrages que vous venez de terminer et qui ne peuvent qu'ajouter un nouvel éclat à la gloire littéraire qui environne déjà votre nom.

Sa Majesté, qui apprécie beaucoup les laborieuses et savantes recherches auxquelles vous vous livrez avec tant de succès et dont les résultats sont si utiles pour l'histoire, a saisi cette occasion pour vous donner une marque publique de sa bienveillance royale et de son estime particulière en vous conférant la croix de chevalier de nos ordres religieux et militaire de Saint-Maurice et de Saint-Lazare.

Je vous prie d'agréer, etc.

SOLAR DE LA MARGUERITE,

Secrétaire d'Etat et des affaires étrangères.

(Entièrement autographe.)

Nous publierons prochainement les principales lettres relatives aux travaux de Champollion-Figeac et à lui personnellement adressées par MM. Guizot, Cousin, Villemain, Sylvestre de Sacy, Mignet, Lamartine, Hase, Boissonnade, Lenormant, Raoul Rochette, Letronne.— Fontanes, Millin, Fourier, Chezy, Cuvier, Royer-Collard. — Duc de Caze, comte de Montalivet, comte d'Argout, comte Pelet de la Lozère, maréchal Vaillant. — Humbolt, Birch, Lepsius. — marquis de Brignole, comte Sclopis, Gazzera, Peyron, Gorresio, etc.

517. — Grenoble, impr. de Prudhomme, rue Lafayette, 14. — A.

CHATEAUBRIAND
à Mr Champollion-Figeac.

Paris le 15 janvier
1826

Jugez, Monsieur, combien j'ai été affligé. Je ne sais par quelle fatalité votre lettre du 1er 7bre dernier, et la lettre de M. votre frère, n'ont été trouvées que ce matin dans des papiers mis à l'écart par mon secrétaire. Je m'empresse, Monsieur, de vous offrir mes excuses avec mes remercîmens. Les admirables travaux de M. votre frère, éclairés de leurs propres lumières ainsi sur la durée des monumens qu'il vient de nous expliquer. Recevez de nouveau Monsieur mes remercîments sincères, et l'assurance de ma considération très distinguée.

Chateaubriand

Mr GUIZOT
à Mr Champollion-Figeac.

M. Dillon m'a remis de votre part, Monsieur, la seconde partie de la Grammaire Égyptienne de Monsieur votre frère et je vous en remercie. J'ai toujours compté, parmi mes bonnes fortunes, le plaisir d'avoir assuré la publication de ses beaux travaux. Une part de l'honneur vous revient. Gardez-moi, je vous prie, votre bon souvenir et recevez l'assurance de mes sentiments les plus distingués.

Guizot

Jeudi 9 Avril

de nouveau Monsieur mes
remerciements sincères, et l'assurance
de ma considération très distinguée

Chateaubriand

Mr GUIZOT

à Mr Champollion-Figeac.

M. Dillon m'a remis

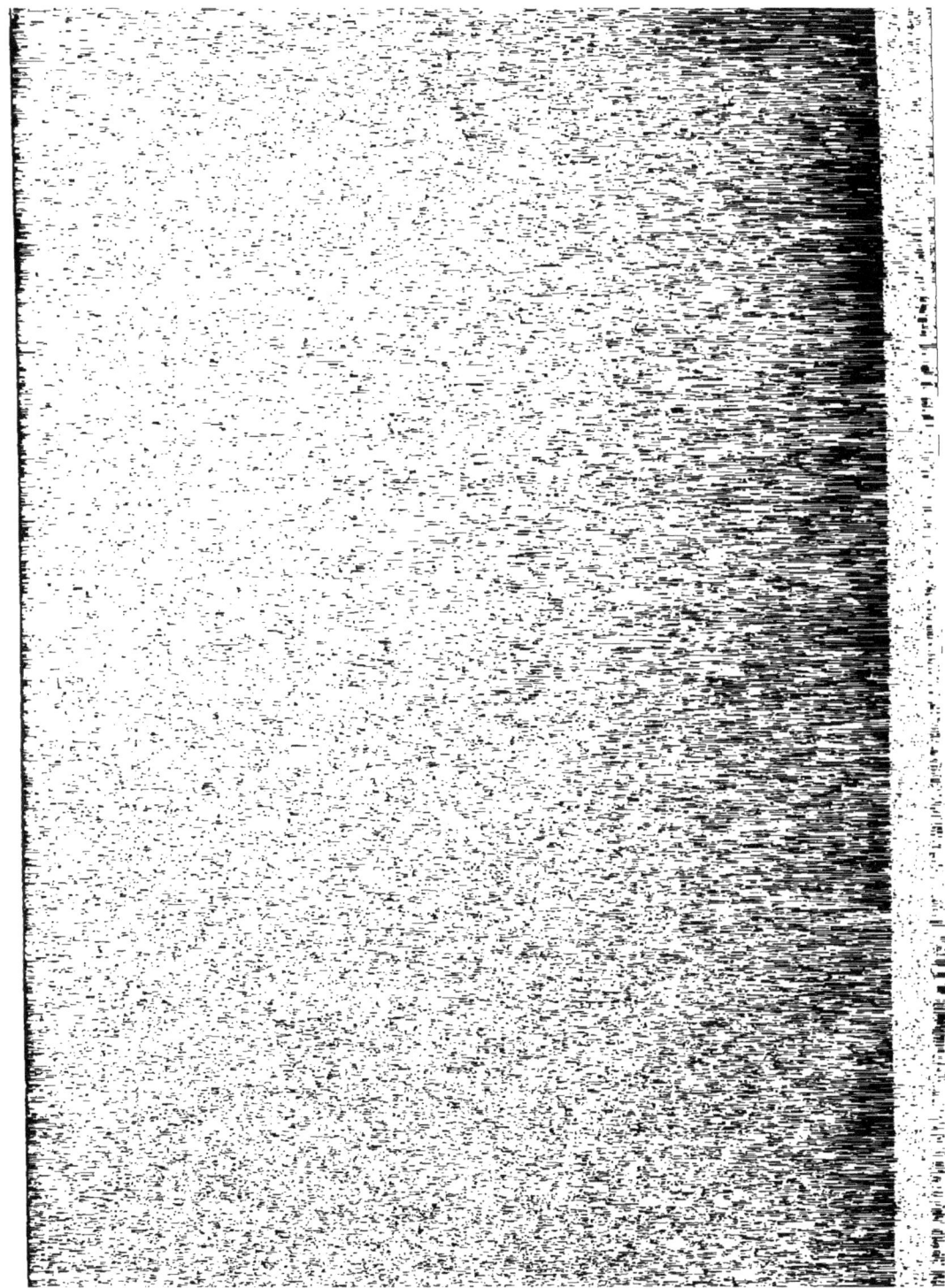

www.ingramcontent.com/pod-product-compliance
Lightning Source LLC
LaVergne TN
LVHW022023080426
835513LV00009B/851
* 9 7 8 2 0 1 3 5 2 1 1 4 7 *